シリーズ◆荒れる青少年の心

ひきこもる青少年の心

発達臨床心理学的考察

岡本祐子・宮下一博 編著

北大路書房

はじめに

　今日，青少年の心の荒れを象徴する事件が続発している。最近の青少年にまつわるいくつかの事件を列挙するだけでも，埼玉連続幼女誘拐殺人事件，新潟女性監禁事件，佐賀高校生バスジャック事件等，枚挙にいとまがない。また，学校におけるいじめや不登校の問題も，解決どころか，ますます深刻の度合いを深めている。

　現在，わが国は世界有数の豊かな国家に成長した。しかし，物質的な豊かさとは裏腹に，人の心の成長は停滞してしまっているように見える。自己中心主義や無責任がはびこり，人間らしさの象徴である「思いやり」の欠如も際立ってきた。大人社会のこのような現象は，直接的，間接的に青少年にも影響を及ぼし，人格や社会性の発達に問題を抱える青少年が急増している。上述のさまざまな青少年にまつわる事件の発生も，このようなわが国のありようと無関係とはいえないであろう。

　こうした問題意識を背景に，われわれは，現在危機に瀕している青少年の心に焦点をあてて，心理学，特に発達臨床心理学の立場から，その現状や具体的な対処のしかた等について考察していこうと考えた。「発達臨床心理学」という用語は，ここでは，現代の青少年にみられる心の荒れを発達的なつまずきとして捉え，その予防や対応等について考察していこうとする立場，という意味で用いている。最近はその境界が曖昧になりつつあるが，従来，発達心理学と臨床心理学は，一方が健常な人間の発達，他方が問題をもつ人々の理解と援助という面に焦点をあてて，研究が蓄積されてきたという歴史がある。また，これまでの臨床心理学では，それぞれの学派が独自の理論モデルを構築し，それぞれの理論に基づいて事例や問題を理解しようとする傾向が強く，現実の生活や社会状況に基づいて援助・介入しようとする視点や方法が必ずしも十分であったとはいえない。「発達臨床心理学」という概念は，簡単にいえばこれらを統合したものであるが，単にこの両者の加算ではなく，この両者を有機的に結び付け，人間の心の発達とつまずきをひとつの連続で捉えようとする立場である。

はじめに

　本書は，現代の青少年の問題を，発達臨床心理学の立場から専門的に吟味しようとするものであるが，心理学の知識をもたない方々にも，容易に理解できるよう配慮している。これは，現代の青少年にまつわる問題をできる限り多くの人々と共有し，共に考えていきたいという，本書のねらいに基づくものである。

　本書は，このようなシリーズの第2巻に相当するもので，青少年の「ひきこもり」に焦点をあてている。2002年に刊行した第1巻では，「キレる」青少年の問題についてまとめた。また続く第3巻では，「いじめ」の問題を取り上げる予定である。本書は，3章からなる。第1章では，今日みられる青少年の「ひきこもり」の現象について，その心理的メカニズムと発達臨床的意味について考察した。第2章では，「ひきこもり」の実態とその多様な状態像について記述した。第3章では，主として青少年の「ひきこもり」に対する具体的な対応のしかたについて記述している。現実の対応には難しい点も多いが，その一端を理解していただければ幸いである。なお本書は，比較的分量の少ない本であるが，コラムを多数設けて，「ひきこもり」について，さまざまな視点から解説するとともに，付章において，読みやすい著書や論文を多数，紹介するなど，読者の立場に立った構成になるよう工夫したつもりである。本書を熟読いただき，青少年の「ひきこもり」の問題について，多くの方々の理解と関心が少しでも深まることを切に願う次第である。

　20世紀が科学技術の発達の世紀であるとすれば，21世紀には，それらの進歩の上に立ってそのさまざまな弊害を克服し，今一度人間らしい心の回復と発達を図ることが大きな課題となるであろう。現代の青少年のこのような心の荒れを真摯に見つめつつ，これに大人が真剣に向き合う努力を続けていくことができるならば，21世紀はきっと希望に満ちた世紀となるに違いない。

　最後に，本書の企画から編集に至るまで，暖かくかつ辛抱強くご援助下さった北大路書房編集部の薄木敏之氏，広田由貴子氏に心から感謝を申し上げたい。また，本企画の立案を勧めてくださり，積極的に応援してくださった元北大路書房編集部の石黒憲一氏にも，心から謝意を表する次第である。

2003年1月

編著者　岡本祐子　宮下一博

目次

はじめに

第1章 「ひきこもり」の定義・メカニズムと発達臨床心理学的な意味　1

第1節──「ひきこもり」の定義　2
第2節──「ひきこもり」のメカニズム　4
1　「ひきこもり」の時代的変遷とその心理力動　4
2　社会的ひきこもりの心理力動的理解　6
3　対人関係障害としての社会的ひきこもり　10
第3節──「ひきこもり」の意味　15
1　はじめに　15
2　ひきこもりの多様化と意味を問うことの難しさ　15
3　「意味」を問うことの意味　17
4　ひきこもりのもつ意味について　18

第2章 ひきこもる青少年の実態とその内容　27

第1節──「ひきこもり」のレベル　28
1　ひきこもりの理解─生態的視点─　28
2　生態的視点における2つのレベル　29
第2節──さまざまな「ひきこもり」の状態像　36
1　抑うつ・無気力　36
2　パーソナリティ障害　43
3　心身症　47
4　対人恐怖　52
5　不登校　57

第3章 ひきこもる青少年への対応　71

第1節──「ひきこもり」に対応する際の原則　72
1　ひきこもりの受容　72

2　刺激を与えることを避ける　73
　　3　解決を焦らない　74
　　4　現象の解決のみに目を奪われない　74
　　5　成長を見守る　75
　　6　専門家との連携　76
　　7　物事を大局的に考える　76

　第2節──さまざまな「ひきこもり」への対応 …………………… 79
　　1　抑うつ・無気力　79
　　2　パーソナリティ障害　84
　　3　心身症　89
　　4　対人恐怖　95
　　5　不登校　100

　第3節──自立性・社会性を育てる家族・学校・社会 ………… 110
　　　　　　──社会への訴えとしてのひきこもり──
　　1　ひとくくりにできない「ひきこもり」　110
　　2　生き方をめぐる惑い　112
　　3　本能レベルでの一時停止　114
　　4　自分につながり，自分にとどく　114
　　5　社会の成熟にともなう価値観の変容　118

付章　ひきこもる青少年を理解するための 文献・資料集　125

　引用文献　129
　人名索引　133
　事項索引　135

コラム

　①ひきこもりのサイン　14
　②ひきこもりによる修行　26
　③精神病にみられるひきこもり　35
　④「オタク」とひきこもり　64
　⑤過食症とひきこもり　65
　⑥新潟女性監禁事件　66
　⑦佐賀高校生バスジャック事件　67

Contents

⑧連続幼女誘拐殺人事件　　68
⑨新宿ビデオ店爆破事件　　69
⑩全日空機ハイジャック事件　　70
⑪ひきこもる青少年を援助する施設・機関　　78
⑫不登校のその後　　107
⑬ひきこもる青少年への援助の実践例①─日常のなかでの援助　　108
⑭ひきこもる青少年への援助の実践例②─環境を変える　　109
⑮子どものひきこもりを防ぐ家庭環境　　122
⑯ひきこもりと個室　　123
⑰インターネットひきこもり，またはインターネットの過剰使用　　124

第1章

「ひきこもり」の定義・メカニズムと発達臨床心理学的な意味

第1節

「ひきこもり」の定義

　今日,「ひきこもり」という現象が注目を浴びている。マスメディアにもしばしばとりあげられ,ドラマのなかにまで登場することもめずらしくない。その数は,全国で数十万人とも120万人ともいわれている。「ひきこもり」は,医学的な診断名ではなく,状態像を示すものであり,最近まで正確な定義は確立されていなかった。

　「ひきこもり」とは,さまざまな要因によって社会的な参加の場面がせばまり,自宅以外での生活の場が長期にわたって失われている状態である。「ひきこもり」は,その背景によって次の2つに分類できる。

　①統合失調症（精神分裂病）やうつ病などの精神病をはじめとする重篤な精神疾患が背後にあり,そのために二次的な「ひきこもり」の状態にある人。
　②そのような症状は顕著ではなく,「ひきこもり」そのものが主な特徴である一次的な「ひきこもり」状態にある人。

　つまり「ひきこもり」には,背後に精神疾患が疑われるケースと,明らかな精神疾患がみられないケースとがある。今日,その増加が指摘され,社会的にも注目されているのが,後者の「社会的ひきこもり」である。

　2001年,厚生労働省は,上記の①と②を区別して,後者を「社会的ひきこもり」とよび,内因性精神疾患以外で,6か月以上にわたって自宅にひきこもり,学校や仕事などの社会的な活動に参加しない状態が持続しているものと定義している。現代社会にみられる「ひきこもり」は,図1-1のように位置づけることができるであろう。

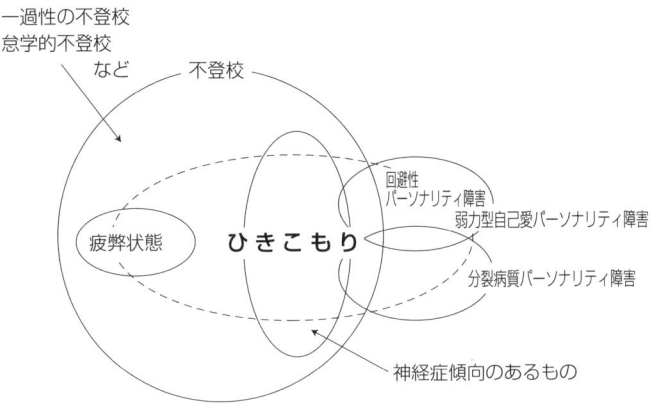

図1-1 不登校・ひきこもりの位置づけ（鍋田，2001より）

　社会的ひきこもりの場合は，本人はさまざまな理由で，社会にでていく自信がもてなくなっており，強い不安や恐怖を感じている。具体的には，次のような行動の特徴がみられる。
　①外傷体験・挫折体験がある。
　②ほとんど外出しない。
　③対人恐怖がある。
　④不登校からはじまり，長期化している。
　⑤子ども返りのような行動がある。
　⑥親を召し使いのように使う。
　⑦親の対応を責めたり，親との接触を極力避ける。
　⑧昼夜逆転の生活。
　⑨家庭内暴力がある。
　第2章では，このようなひきこもりの状態像を，中心となる問題群ごとに考えていきたい。

第2節 「ひきこもり」のメカニズム

「ひきこもり」の時代的変遷とその心理力動

　本節では，第1節で定義した「社会的ひきこもり」，つまり背後に統合失調症，うつ病などの精神疾患をもたない非精神病性のひきこもりの心理的メカニズムについて考察する。まずわが国において「ひきこもり」という臨床的問題がどのように生じ，変容してきたのか，その歴史的変遷を簡単にたどってみたい。

∎――対人恐怖症・登校拒否

　他人と同席する場面で，強い不安と緊張が生じ，そのために他人に軽蔑されたり，不快な感じを与えるのではないかと案じ，対人関係から身を引こうとする対人恐怖症は，古くから知られている。森田（1919）は，このような臨床的様態に注目して，それを「森田神経質」とよび，このメカニズムを「神経質な性格傾向をもつ者が，何らかの誘因によって，注意を自己の身体的，精神的変化に向けるようになる。注意が集中することによって，その感覚がますます鋭敏となり，さらに注意がその方向に固着する。こうした感覚と注意の相互作用が症状を発展させ，固定させる」と説明した。この時代の，こうした問題をかかえた人々は，森田が「生の欲望」とよんだような自ら問題を乗り越えようとする積極性を備えていた。

　1960年代以降，中学・高校生段階の子どもたちの不登校が注目されるよう

になった。「不登校」は，当時は「登校拒否」とよばれたが，その中核群は，まじめで成績のよい生徒が自尊心を傷つけられる体験をきっかけに，登校できなくなり，自宅にひきこもってしまうという「神経症的登校拒否」であった。このような子どもたちは，高い自我理想をもち，現実の自己との葛藤に悩んでいたが，上記の対人恐怖症の人々にみられたような強さ（克己心）はあまりみられないことが特徴的であった。心理面接のなかで，子どもたちは，今までの「よい子」の自分が，実は母親に支えられたものであったことに気づき，主体的で自律的な自己を獲得することによって回復していった。

2──スチューデント・アパシーと退却神経症

1970～1980年代頃になると，大学生の無気力が指摘され，さらに社会に出る年齢になってもなかなか社会参加のできない青年が問題とされるようになった。特に，自分にとって主要な社会生活の領域（学生ならば学業，社会人であれば定職）からの選択的退却・逃避を一定期間以上にわたって続ける神経症が注目され，笠原（1978）は，これを「退却神経症」と名づけた。その特徴は，次のようなものである。

① 無関心，無気力，無感動，目標・進路の喪失の自覚，アイデンティティの不確かさを訴える。
② 防衛機制としては否認が用いられ，不安，焦燥，抑うつ，苦悶（くもん），後悔といった苦痛感をともなわないため，自分のもつ問題に対して真剣に悩まず，すすんで援助を求めない。自分のおかれている状態に対する深刻な葛藤がなく，その状態からぬけ出そうという努力をまったくしない。したがって，不安を中心症状とし，何とか自分の問題を解決したいと専門的援助を求める従来の神経症とは趣（おもむき）を異にする。
③ 対人関係に敏感で，叱られたり拒まれたりするとひどく傷つく。自分が確実に受け入れられる場面以外は避ける傾向がある。
④ 優劣や勝ち負けへの敏感さがあり，敗北や屈辱が予想される場面を避ける傾向がある。
⑤ 苦痛な体験は，内面的な葛藤などの症状には結びつかず，外に向けて行動化される。つまり，無気力，退却などの行動として表される。

⑥行動面では，副業的な領域では怠慢を示さず，むしろ勤勉ですらある。
⑦背景に，完全主義的，強迫的，自己愛的，回避的パーソナリティ傾向をもつことが多い。
⑧男性に多い。

　このような特徴は，現代のひきこもりの青少年にもあてはまるところが多い。しかし，退却神経症の青年は，傷つくことを恐れて自分の正業に就くことができないのであるが，反対に傷つくことのない副業領域，つまりアルバイトやクラブ活動，趣味の世界では結構，いきいきと活動できたのである。
　対人恐怖症や登校拒否では，挫折した後の克服，自我の立て直しが問題であったのに対して，退却神経症の青年は，傷つき挫折する前に，「退却」してしまっていることが特徴的である。そして，現実世界にかかわろうとする強さはますます弱まっていった。

❸——現代の「ひきこもり」

　1980年代後半から1990年代以降，本書のテーマである，自宅からほとんど出ない，「社会的ひきこもり」の出現が目立ちはじめた。上記の退却神経症が社会からの部分的撤退(てったい)であるならば，今日の「ひきこもり」は全面撤退と位置づけられるであろう。この現代のひきこもりは20代から30代にかけて多いが，思春期・青年期からすでに不登校などの問題をはらんでいた事例も少なくない。この現代のひきこもりのメカニズムについて，次にもう少し詳しく見ていきたい。

2　社会的ひきこもりの心理力動的理解

　第2章以下で詳述するように，「社会的ひきこもり」といわれる現代のひきこもりは，その状態像も背景にある問題も，非常に多様である。ここでは，その中心的問題や共通してみられる特徴について概説しておきたい。

❶——従来の精神医学のなかでの位置づけ

　すでに述べたように，ひきこもりは状態を示す用語であって，診断名ではな

い。しかしながら、ひきこもりの特質やメカニズムを従来の精神医学のなかに位置づけて理解しておくことは重要であろう。さらに初期のアセスメント・診断と対応、つまり背後に精神病が疑われるひきこもりか、非精神病性のひきこもりであるかを、早期に見きわめて対応することが重要であることはいうまでもない。

ひきこもりに関する診断概念には、先に述べたような森田神経質、対人恐怖症、退却神経症などを含む、表1-1に示したようなものがある。また、DSM-Ⅳ（精神疾患の診断・統計の手引き第4版）に基づいて分類すると、ひきこもりは、社会恐怖、強迫神経症、パニック障害などの不安障害に分類される群と、気分変調性障害、大うつ病などの気分障害に分類される群が中心であり、背景

表1-1　「ひきこもり」に関連する診断概念と精神病理学説
（近藤・長谷川，1999）

①スチューデント・アパシー
　大学生の間に見られる神経症性の無気力・無感動状態をいう。しばしば長期にわたり、留年を繰り返すので、キャンパス精神保健上の中核的問題の一つとなっている。

②退却神経症
　自分にとって主要な社会生活部分からの選択的退却・逃避を一定期間以上にわたって続ける神経症。

③逃避型抑うつ
　内因性うつ病の一病像として提唱されている疾患概念。20歳代後半から40歳代の、いわゆるエリートサラリーマンといわれるような立場の男性にみられることが多い。従来のやり方で乗り越えられないような事態に直面すると、あっさりと努力を放棄するような抑制が中心的な症状で、典型的なうつ病にみられるような不安・苦悶は目立たない。（参考：『躁うつ病の精神病理2』弘文堂）

④対人恐怖
　他人と同席する場面で、不当に強い不安と精神的緊張が生じ、そのために他人に軽蔑されるのではないか、他人に不快な感じを与えるのではないか、嫌がられるのではないかと案じ、対人関係から身を引こうとする神経症の一型。

⑤森田神経質
　神経質な性格傾向をもつ者が、なんらかの誘因によって、注意を自己の身体的、あるいは精神的変化に向けるようになる。注意が集中することによって、その感覚がますます鋭敏となり、それとともに、さらに注意がその方に固着する。こうした感覚と注意の相互作用が症状を発展固定させて生じる病的状態をいう。

⑥思春期妄想症
　「自己の身体的異常のために周囲の人々に不快感を与えている」という妄想的確信を抱くことを主症状とする一臨床単位。妄想体験は、「自己の身体的異常が他者に耐え切れない不快感を与える」と同時に、「その不快感のために他者に避けられる（忌避妄想）」という二方向性をもっている。

（以上、③以外『新版精神医学事典』弘文堂より抜粋）

表1-2 社会恐怖の診断基準（American Psychiatric Association, 1994）

A．よく知らない人達の前で他人の注視を浴びるかもしれない社会的状況，または行為をするという状況の，1つまたはそれ以上に対する顕著で持続的な恐怖。その人は，自分が恥をかいたり，恥ずかしい思いをしたりするような形で行動（または不安症状を呈したり）することを恐れる。
　注：子どもの場合は，よく知っている人とは年齢相応の社会関係を持つ能力があるという証拠が存在し，その不安が，大人との交流だけでなく，同年代の子どもとの間でも起こるものでなければならない。
B．恐怖している社会的状況への暴露によって，ほとんど必ず不安反応が誘発され，それは，状況依存性，または状況誘発性のパニック発作の形をとることがある。
　注：子どもの場合は，大声で泣く，かんしゃくを起こす，動作が止まってしまう，またはよく知らない人と交流する状況から遠ざかるという形で，恐怖が表現されることがある。
C．その人は，恐怖が過剰であること，または不合理であることを認識している。
　注：子どもの場合，こうした特徴のない場合もある。
D．恐怖している社会的状況または行為をする状況は回避されているか，またはそうでなければ，強い不安または苦痛を伴い耐え忍ばれている。
E．恐怖している社会的状況または行為をする状況の回避，不安を伴う予期，苦痛のために，その人の正常な毎日の生活習慣，職業上の（学業上の）機能，社会活動，他者との関係が障害されており，またはその恐怖症があるために著しい苦痛を感じている。
F．18歳未満の人の場合，持続期間は少なくとも6か月である。
G．その恐怖または回避は，物質（例：乱用薬物，投薬）や一般身体疾患の直接的な生理学的作用によるものではなく，他の精神疾患（例：広場恐怖を伴う，または伴わないパニック障害，分離不安障害，身体醜形障害，広汎性発達障害，分裂病質パーソナリティ障害）ではうまく説明されない。
H．一般身体疾患または他の精神疾患が存在している場合，基準Aの恐怖はそれに関連がない（例：恐怖は，吃音症，パーキンソン病の震顫，または神経性無食欲症または神経性大食症の異常な食行動を示すことへの恐怖でもない）。

表1-3 回避性パーソナリティ障害の診断基準
（American Psychiatric Association, 1994）

社会的制止，不適切感，および否定的評価に対する過敏性の広範な様式で，成人期早期に始まり，種々の状況で明らかになる。以下のうち，4つ（またはそれ以上）で示される。
(1) 批判，否認，または拒絶に対する恐怖のために，重要な対人接触のある職業的活動を避ける。
(2) 好かれていると確信できなければ，人と関係を持ちたいと思わない。
(3) 恥をかかされること，またはばかにされることを恐れるために，親密な関係の中でも遠慮を示す。
(4) 社会的な状況では，批判されること，または拒絶されることに心がとらわれている。
(5) 不適切感のために，新しい対人関係状況で制止が起こる。
(6) 自分は社会的に不適切である，人間として長所がない，または他の人より劣っていると思っている。
(7) 恥ずかしいことになるかもしれないという理由で，個人的な危険をおかすこと，または何か新しい活動に取りかかることに，異常なほど引っ込み思案である。

にあるパーソナリティ障害としては，回避性パーソナリティ障害が多いとされている。その主要な診断概念である社会恐怖と回避性パーソナリティ障害の，DSM-Ⅳに基づく診断基準は，表1-2，表1-3に示したとおりである。

2── 思春期心性と社会的ひきこもり

社会的ひきこもりは，実際の年齢にかかわりなく，思春期心性に深く根ざした問題であると考えられる。たとえば，斎藤（1998）は，社会的ひきこもりを，人格発達の途上における一種の未熟さゆえに起こってくる問題であり，思春期独特の葛藤パターンを何年も抱きつづけた事例が多いことを指摘し，その根拠として次のような点をあげている。

①社会的ひきこもりには，不登校，家庭内暴力，強迫症状，対人恐怖症などの，思春期心性と深く結びついた症状がともなうことが多い。
②ひきこもりが長期化する背景には，視野の狭さ，かたくなさなどといった思春期独特の考え方や，自己愛的な構えがあることが多い。
③本人は，自ら置かれた状況を客観的に捉えるだけの余裕がなく，したがって専門的援助を拒否することがほとんどである。
④長期にわたる事例でも慢性化による症状の安定化が起こりにくく，常に新たな傷口が開いていくように，葛藤が葛藤を生む状態が続く。
⑤本人の精神的な成長を促すような治療態度と，家族を含む環境の調整によって治療が進むことが多い。

また，ひきこもりの青年の援助や治療にあたっている専門家から数多く指摘されているのは，次のような問題である（たとえば，武藤，2001；牛島，2000）。

①過去において，何らかの心の傷をもってしまうようなできごとや人間関係にさらされたこと。そして現在，その傷つき体験を意識的，無意識的にひきずってしまっているという心理的外傷。
②心理的外傷をもたらすようなできごとに対して，感じやすく脆弱なパーソナリティの持ち主である。自己評価が低く，自己抑制的で依存心が強いという不安特性。
③対人関係の希薄さ。真の心の交流や情緒的に支えられる体験のなさ。

このように「ひきこもり」は、心理的外傷体験に由来する強い不安や恐怖、自我の発達上の問題として理解することができる。

また田中（1996）は、ひきこもりの青年との心理療法の経験から、ひきこもりは、対人恐怖症よりもいっそう重篤な関係性の障害であると述べている。つまり、ひきこもりの青年に共通した要因として、小さい頃から周囲になじめない感じをもち、中学・高校時代から無気力感や頭痛、胃の調子の悪さ、あるいは漠然とした不安感や不全感といった身体的、精神的不調を体験している。心の隅には深い挫折感や劣等感があり、自分が好きになれないでいる。「人にとけこめない」「人とどこか違う」というような人との違和感に苦しんでいるなどの問題点がみられる。このような訴えは、対人恐怖症の人々の訴えに似ている。しかし田中によると、「対人恐怖症は自分が対人場面で緊張や不安を感じ、その結果として、人から嫌がられるのではないかと恐れて苦悩し、人との関係を避けようとする神経症であるのに対して、ひきこもっている若者は、それ以前の、『人との関わりがもてない』という苦悩である。同じように人を避けるのでも、人との関わり方そのものが『わからない』のである」（田中，1996）。この「関係性の障害」という指摘は、社会的ひきこもりを理解するうえで、きわめて重要なものであろう。

3 対人関係障害としての社会的ひきこもり

これまで見てきたような個人内の特徴に加えて、ひきこもりを理解するうえで欠かすことのできないもうひとつの視点は、社会や家族と個人の関係である。斎藤（1998）は、社会的ひきこもりを対人関係の障害と捉え、「ひきこもりシステム」という概念を提唱している。斎藤によれば、「社会的ひきこもり」は、個人、家族、社会の3つの領域のすべてで悪循環が生じており、これら3つの領域が互いに非常に閉鎖的なものになっている。この考え方について、以下に紹介する。

斎藤のいう「健常なシステム」とは、図1-2に示したようなものである。健常なシステムにおいては、社会、家族、個人という3つのシステムは互いに接点をもっている。つまり、個人、家族、社会は、日常生活の中で互いにコミ

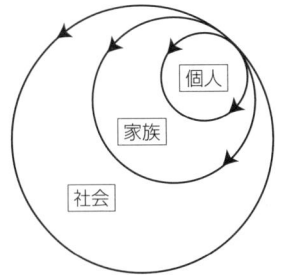

「健常」なシステム・モデル
円はシステムの境界であり，境界の接点においては，システムは交わっている。
つまり，3つのシステムは相互に接し合って連動しており，なおかつ，みずからの境界も保たれている。

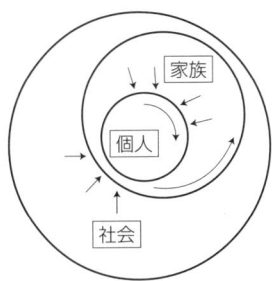

「ひきこもりシステム」
システムは相互に交わらず連動することもない。
システム間相互に力は働くが，力を加えられたシステムの内部で，力はストレスに変換されてしまいストレスは悪循環を助長する。

図1-2 ひきこもりシステムの模式図（斎藤, 1998）

ュニケーションをとり，影響を与え合いながら生活している。ところが「ひきこもりシステム」では，このような接点が互いに乖離してしまい，機能しなくなっている。

個人レベルにおいては，ひきこもり状態にある人は，強い葛藤を感じており，すでに述べたような精神症状につながりやすく，そのことがいっそう社会参加への壁を厚くするという悪循環を生じさせている。つまり，個人の「ひきこもりシステム」では，他人の介入を受け入れられないという特徴がみられる。

家族のレベルにおいても，ひきこもりの青年をかかえた家族は，また一種の悪循環にとりこまれていると斎藤は指摘する。ひきこもりが長期化すると，家族の中に不安や焦燥感が高まる。家族はお説教や叱咤激励など，さまざまな働きかけをするが，こうした働きかけは，本人にとってはプレッシャーやストレスを与えるだけで，いっそうひきこもりが深くなってしまう。それがさらに，家族を不安にさせるという悪循環である。このように，本人と家族の間に，互いの気持ちに共感し理解し合うというコミュニケーションが欠如していること

が特徴である。

　さらに，ひきこもりの青年をかかえた家族は，「ひきこもり」という問題に関する限り，社会との接点が失なわれている。「表向きはきちんと社会生活を営んでいる家族でも，わが子のひきこもりについては，態度を閉ざし，世間体を気にして隠そうとしたり，誰にも相談せず，内々に解決してしまおうとしがち」（斎藤，1998）である。このような「抱え込み」の状態の中で，「家族システム」と「社会システム」は乖離し，しばしば家族内で起こっていた悪循環と同様のものが生じてくる。これを図示すると，図1-3のように示すことができるであろう。そして，精神医学的，臨床心理学的援助によって，「ひきこもりシステム」が変化していくプロセスは，図1-4のように捉えることができる。このひきこもりへの対応については，第3章でみていきたい。

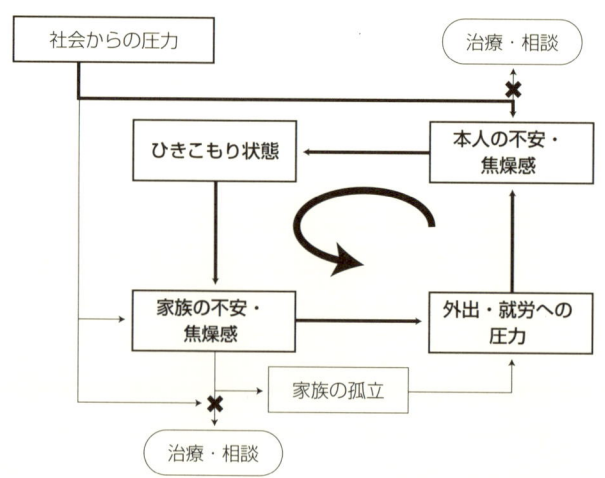

図1-3　社会的ひきこもりの悪循環の模式図（斎藤，1998）

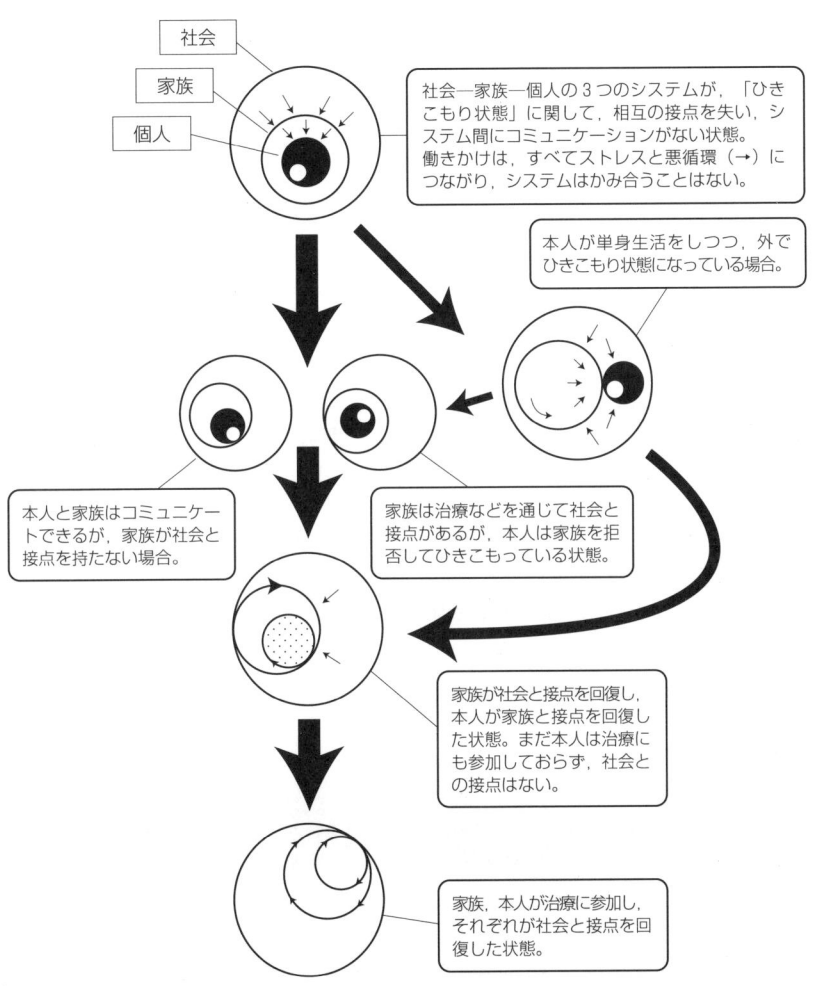

図1-4 ひきこもりシステムの変化（斎藤，1998）

Column ①
ひきこもりのサイン

　ひきこもりの事例では、ひきこもりに至る前に、本人に何らかのサイン（前駆状態あるいはSOS）がみられる場合が多い。ひきこもりは単一の要因に基づいて起こる障害ではないと考えられており、そのサインも多岐にわたることになるが、およそ次のようなものがあげられる。ここでは、近年増加してきている非精神病性の場合について述べたい。

　①身体にあらわれるサイン：疲労、頭痛、不眠、自律神経失調症、腹痛、夜尿や便秘などの排便に関する問題、過敏性腸症候群、など。実際に器質的障害の所見が認められる心身症の場合と、器質的障害の所見が認められない心気症の場合がある。後者は、学校不適応の初期にはほとんど必発ともいえる。

　②行動にあらわれるサイン：学業不振や修学態度の悪化、登校しぶりや不登校、昼夜逆転傾向などの生活習慣の乱れ、子ども返りなどの退行、万引きや家庭内暴力といった反社会的行動、拒食や過食といった食行動の問題、リストカットなどの自傷行為、など。

　③言葉にあらわれるサイン：学校や対人関係が「面白くない」などの不適応感、「しんどい」などの疲労感や倦怠感（けんたい）、教師や親への不満や嫌悪、「死にたい」など死をほのめかす言葉（希死念慮）、など。

　④精神状態や精神症状にあらわれるサイン：無気力、イライラ、憂うつ、感情の不安定、注意集中困難、過敏、被害的な言動の増加、対人関係を恐れて回避するなどの対人恐怖症状、手洗いや確認行為などの強迫症状、など。

　これらのサインは、早期には目立たない場合もあり、見過ごされることが多い。また、問題が大きくなってからでも、本人も何に困っているのか意識化できていない場合が多いこと、不安や悩みが言葉で表現されない場合が多いこと、一般的な評価基準から本人の意志の弱さや甘えの問題などと決めつけられやすいこと、といった事情により、心の問題としての適切な理解や対応は遅れやすい。

　なお、当然のことながら、ここであげたサインはひきこもりのみにあてはまるものではなく、その他のさまざまな問題の入り口・通過点でもあり得る。むしろ、ひきこもりという状態自体も、本人の心の奥から送られてくる大切なサイン（メッセージ）なのであり、周囲の適切な理解を求めているといえよう。

第3節

「ひきこもり」の意味

はじめに

　ひきこもりの意味を問うことは，そう簡単なことではない。第2章で述べられるように，ひきこもりの状態自体が今日かなり複雑な様相を呈していることが大きな要因としてある。「意味」という場合には，そこに自我にとっての何がしかの生産的営み——健康さ，有用性，潜在的可能性の存在を想定しているのであるが，ひきこもりの状態によっては，とてもそのような意味を問えない場合も少なくないからである。
　まずこの問題を整理したうえで，ひきこもりがもつ意味について考えてみることにしたい。

2　ひきこもりの多様化と意味を問うことの難しさ

　言うまでもなく，ひきこもりはひとつの状態像であるから，さまざまな背景のもとに，またさまざまな病理的レベルにおいて生じる。そもそも，一口にひきこもりといっても，その状態像自体がそうとうに多様性をもっているといえよう。そして，今日的なひきこもりの特徴として，実にさまざまなタイプが出現するその広がりの大きさを指摘することができると思われる。
　さまざまなタイプのひとつの典型は，重い病理性を背景としたひきこもりである。家庭内暴力を頻発するようなひきこもりの事例においては，しばしばパ

ーソナリティ障害が疑われ，ひきこもりは本人の呈する諸状態のほんの一局面にすぎず，彼（彼女）はそれ以上に困難な状況を多々抱えているような場合がある。このようなときには，周囲の人たちは，ひきこもりの解決にエネルギーを注ぐことよりも，本人をいかに刺激しないようにするかに汲々(きゅうきゅう)とせざるを得ないことも少なくない。

　広汎性発達障害とりわけ高機能広汎性発達障害の子どもやＬＤ（学習障害）あるいはＡＤＨＤ（注意欠陥多動性障害）と診断されるような問題をもつ子どものなかに，対人関係上のトラブルを機に不登校さらにはひきこもりという状況に陥る場合がある。彼らは思春期にさしかかる頃には，社会的な場でうまくふるまえない自分を痛切に意識するようになるがゆえに，人間関係のなかで著しい心の傷を負っていることが少なくない。このような場合についても，抱える問題は非常に重くかつ複雑であり，ひきこもりはその結果の一部にすぎないようにみえる。

　また一方では，社会的な適応状態としては比較的健康なひきこもりの事例が存在する。学校に行かず，仕事にも就かないで，家でぶらぶらとした生活を送っているが，表面的にはそれ以上に大きな困難を示さない場合である。このような人たちは，近所に買い物に行くとか，自家用車を運転して外出することができるなど，限られた範囲では社会生活や対人関係をもっていることも少なくない。親や家族は何とか本人を動かそうと一時は試みるのであるが，しかし，多くは社会に復帰するための"第一歩"がなかなか踏み出せないまま事態が長期化するのが現実である。

　このように，今日のひきこもりは，ここにあげたような「重症例」と「軽症例」にみられるような状態を含みつつさまざまなバリエーションをもって広がっているといえよう。そして，重症例においては，ひきこもりの生産的な意味を問うどころではない凄絶(せいぜつ)な事態が生じがちであるし，軽症例においては，ひきこもりの意味を問う以前に，「なぜ一歩が踏み出せないのか？」「けっきょくは，単なる怠けではないか？」と思いたくなってしまうのが通例である。

　第１章第１節で定義したように，ひきこもりには「一次的ひきこもり」と「二次的ひきこもり」がある。つまり，前者は，「固有のひきこもり群であり，他の神経症的症状は顕著ではなく，『ひきこもり』そのものが主な症状で，そ

の背後に無気力，空虚感などを持っている」。後者は，「他の神経症的な症状のために『ひきこもり』の状態にあるものを呼んでいる」(衣笠，2000)。

　二次的ひきこもりのなかには，神経症水準を超える病理性を抱えた場合が少なくないであろう。その点を断わったうえで，先に「重症例」と述べたものは，二次的ひきこもりの範疇（はんちゅう）に属するであろう。そして，「軽症例」と述べたものは，一次的ひきこもりの範疇に属すると考えてかまわないであろう。

　重要なことは，二次的なひきこもりとりわけ重症例になればなるほど，ひきこもりそのものは二義的な問題にすぎないようにみえることである。そして，一次的ひきこもりとりわけ軽症例になればなるほど，ひきこもりの意味を問う必然性が薄いようにみえることである。本当にそうなのかどうかは別として，ひきこもりの事例において一見してひきこもりの生産的な意味を問いにくい場合があり，その典型がそうした重症例，軽症例に現れると考えることができる。

3　「意味」を問うことの意味

　ひきこもりの生産的意味を問うことを難しくしているのは，ひきこもりの状態像だけではない。ひきこもりの解決を援助しようとする側が，ひきこもりの意味を問うことよりも，具体的・現実的な方法でひきこもりに対処しようとする姿勢も関係している。たとえば，心理学の学習理論に依拠する行動療法は，ひきこもりの改善自体を治療目標とし，具体的・現実的な手続きを通じて目標を達成しようとする。この立場からは，ひきこもりの状態を行動分析することはしても，ひきこもりの心理的意味を問うことはしない。

　行動療法でなくとも，常識的なレベルで行われる援助の試みは，ふつう具体的・現実的な方法をとろうとするであろう。ひきこもることは，それ自体困ったことであり，看過（かんか）するともっと悪い状態になる（「癖になる」とか「甘やかしになる」）と考えるからである。実際，ひきこもりがずるずると長期化することによって，本人の不適応状態がいっそう悪くなっていくようにみえる事例は少なくない。確かにいったんひきこもりの状態に慣れてしまうと，ある意味では安全で楽なその世界から抜け出ることは非常なエネルギーを必要とする。もともと社会的スキルに問題があった人が，社会的な刺激を回避することによ

って，スキルがより貧困となり，いっそう外の世界に出にくくなっていくことも厳しい現実の一面である。ほとんどの事例において，できればひきこもりの状態を続けさせない手立てはないかを模索することは，援助を行うときのきわめて重要なポイントであるといえよう。

しかしながら，ひきこもりに対して現実的・常識的な手立てを講じようとすることと，ひきこもりの心理的意味を考えることとは，異なる次元の問題なのである。ひきこもりに意味があるとしても，ただひきこもりの状態を受容すればよいのではない。しっかりとひきこもらせることに価値のある事例があるとしても，すべての事例がそうなのではない。むしろそれは少数派であるといえよう。しかし，その一方において，ひきこもりから抜け出したくても抜け出せない状態において，あえて（あるいはだからこそ）ひきこもりの意味を問う必要がある事例は，実はそうとうに多いと思われるのである。

すなわち，ひきこもりはそれが解消されることが望まれ，まずはそのための努力が払われるべきものである。しかし，にもかかわらず長期化する状況においては，ひきこもることによってかろうじて生じているポジティブな現象を大切にしながら本人に対する援助を行うべきである。そこにおいてこそ，ひきこもりの心理的，生産的な意味が問われることになると思われる。

換言するならば，ひきこもりの状態を許容するかどうかとは別に，ひきこもらざるを得ない状態を理解する必要が生じてくるということである。このように慎重なもの言いをしなければならないのは，遷延化するひきこもりにおいては，ひきこもり自体を肯定することはできないものの，さりとてひきこもりの現実を引き受けないわけにはいかないという，深刻な葛藤状況があるからに他ならない。

それでは，ひきこもりがもつ心理的意味とはどのようなものであろうか。

ひきこもりのもつ意味について

１──自我防衛としてのひきこもり

ひきこもりの最も基本的な意味は自我防衛である。すなわち，社会的な場において生じる本人にとっては過剰な，あるいは危険なさまざまな刺激から自分

を守る作用である。社会的刺激は，われわれにとって当然に存在するものであり，また必要なものでもある。しかし，社会的刺激は一方では程度の差はあれ，ある種のストレッサーとして作用する。自我の精神的健康の状態いかんによって，そうしたストレッサーは自我にとって深刻な脅威となる。ストレスフルな刺激にいたずらに自分をさらし続ける危険を回避し，とりあえずはひきこもることによって自分を守ろうとする行動が，自我防衛としてのひきこもりである。

　自我防衛としてのひきこもりは，それ自身が回避的な性格をもっているため，ひきこもりを通じて事態がよい方向に進むのかそうでないのかは必ずしも明確でない。いわば，とりあえず危機的事態を避けることが目的であるから，それ以上の積極的な意味が生じるかどうかは，別の問題なのである。

　たとえば，対人恐怖症状をもったある強迫神経症の大学生は，状態が最も悪いときには，スーパーマーケットに買い物に行くだけで緊張し疲労困憊(こんぱい)しなければならなかった。彼は何日もアパートの自室を出ることができず，その間ほとんど布団をかぶって過ごした。幸いなことに彼のひきこもりは長期には及ばなかった。数日後に必死の思いで精神科クリニックを訪れ，そこで受けた投薬治療が一定の効果をもたらし，徐々にふつうの生活に復帰することができた。この場合は，ひきこもることによって最悪の事態を回避したと考えることができよう。

　一方では，ひきこもることができないままに，事態を悪化させる人もある。30代前半のある女性は，抑うつ神経症と診断されていたが，明らかに統合失調症の発症の危険を抱えていた。彼女は自宅（アパート）にひとりでいることができず，精神科のデイ・ケアを頻繁に訪れた。デイ・ケアでは，他のメンバーやスタッフがサポーティブにかかわってくれることに対して依存的にふるまい，また彼女のほうからも道化的にはしゃいで見せた。男性のメンバーの性的な要素を含んだアプローチにも無防備な状態であった。やがて彼女は混乱し，状態を悪化させ，入院する事態にまで追い込まれてしまった。

　重要なことは，ひきこもることのほうがひきこもらない（ひきこもれない）ことよりも自我の反応としては健康な場合があるということである。もちろん，それが遷延化するひきこもりの導入となる場合も少なくないのであるが。

　いま述べた自我防衛としてのひきこもりは，それが短期に終わるときには，

まさに自分を守ってくれる効果的な手段とみなされるであろう。しかし，ふつうひきこもりの現象は長期に及ぶ。したがって，単純に自我防衛の手段として容認できないのが現実の姿である。しかしながら，たとえ長期に及ぶひきこもりの場合においても，それがもつ防衛手段としての側面を無視することはできないであろう。ひきこもりから社会に復帰させようとするときに，ひきこもりの本人がそうとうの不安や自我崩壊の危機に直面していることを理解しないならば，その試みはおそらく成功しないであろう。

　この問題との関連で，高岡（2002）の見解はそうとうにラディカルではあるが，問題の本質を突いている（Pp.168-172）。すなわち高岡は，「『ひきこもり』に関する大半の議論は，登校拒否論争において，すでに決着がつけられているのではないだろうか」と主張し，「登校拒否を保証しないことが暴力（筆者注：家庭内暴力の意）を生むように，『ひきこもり』を保証しないことが，強迫や妄想や暴力を生むと敷衍（ふえん）してみたい」と述べている。そして，集団に参加し，そのなかで適応できることを唯一の適応の姿と見る常識的価値観への疑問を提示している。それとはまったく別の適応の姿を考えないことには，結局はひきこもりの人たちをより重篤な問題状況に追い込んでしまうのではないかというのが高岡の主張である。高岡は，「集団からの離脱を保障する健康観」が必要であり，「新しいメンタルヘルス論」が求められるとしている。

　個々のひきこもりの事例を考えるとき，そこにはひきこもりをしている本人の，「できればみんなと同じ生活を取り戻したい」「いまの自分では生きている意味がない」という悲痛な願いや思いがある。また，「このまま何十年もこの子を支え続けることはとてもできない」という親・家族の悲鳴が聞こえてくる。

　したがって，個々の事例に即すかぎりは，何とかひきこもりの状態から脱却することこそが目標となるであろう。しかしながら，グローバルな観点からは，高岡が主張するように，ひきこもりに対する社会の見方自身が根本的に変わる必要性も否定できないのである。ここで筆者が指摘する「自我防衛としてのひきこもり」が高岡の主張と共通するのは，ひきこもることによってかろうじて自我を守るあり方に関する肯定的な認識である。それはひきこもりから脱却する力をもっている人についても配慮されるべき問題であり，個々のひきこもりに対するかかわりにおいて常に考えなければならないことである。

2 ── 自分を見つめ，立て直す機会としてのひきこもり

ひきこもりが最も積極的な意味をもつのは，ひきこもりの状態のなかで，本人が自分を内省的に見つめ，立ち直りのきっかけをつかむ場合である。

ひきこもり，とりわけ長期に及ぶひきこもりは，彼らのそれまでの生活のしかた，さらに言えばそれまでの生き方そのものが根底から崩れ去る現象である。そして，そのことは本人だけではなく，家族全体についてもいえることなのである。

たとえば，小学校の頃は成績もよく，親としてはどちらかというと自慢であった子どもが，中学生になって以前の成績を維持できなくなり，ついには学校におけるちょっとしたトラブルをきっかけとして不登校の状態に陥ってしまった。家から一歩も出られない状態が1年，2年と続くとき，それは子ども本人にとっても親・家族にとっても，それまでの生活，生き方，考え方，人間関係すらもすべて覆される事態なのである。

子どもが成長過程で心理的な問題を抱える際には，多かれ少なかれそれまでの生き方，考え方が問い直されるといってよいであろう。しかし，ひきこもりの状況ほど根底的な問い直しを迫られることはないといえるであろう。そうなると，ひきこもりの状態から脱してもとの生き方や考え方に復帰することは容易ではないし，むしろ目標とならなくなる。

ひきこもりが意味をもつのは，新しい生き方，考え方を身につけるための絶好の機会を子どもに与えてくれるということである。それはもともと望んだ機会ではないとしても，運命的な必然性をもっていると考えることができる。人はよほどの機会でもなければ，それまでの自分のあり方を捨てるなどできないものであるが，ひきこもりは消極的・否定的な形ながらも，圧倒的な力をもって状況を動かしてしまうのである。

このように，本人が内省する絶好の機会を提供するものとしてのひきこもりの典型は，不登校の子どもが回復する時期に見ることができる。もちろん，今日の不登校はさまざまなあらわれ方をし，一定のパターンをイメージすることは難しいのであるが，旧来言われてきた不登校のプロセスにおける「自閉期」がここでいう内省の機会としてのひきこもりにあたる。

これについては，山中（1978）が「思春期内閉症」として論じている。そ

のなかで，山中は「外的には社会的自我の未成熟とされる消極面を持ちつつも，内的には〈退行〉，しかもそれは次なる〈新生〉をもたらすための〈蛹(さなぎ)の時期〉とでもいうべき積極面を併せ持っている」と述べている（p.21）。

たとえば典型的な経過をたどる事例において，子どもが身体症状をきっかけとして不登校状態に陥り，さらに登校刺激に対して暴力を含む荒れの時期を経過した後，不登校そのものが半ば黙認されるなかで，自室に閉じこもり，熱心に何かに取り組むといった現象がみられる。それはプラモデルの製作であったり，ウルトラマンに関するマニアックな情報収集であったりする。山中の事例では，人間の歴史に興味をもった子どもが，ひきこもり（内閉）の期間を通じて次々と歴史に関する本を読み，その内容を話題にカウンセリングが進行し，アルタミラの洞窟からはじまった歴史が現代に至ったときに子どもは回復した。このように，親にとってはおよそ意味のないと思われがちな活動が，子ども自身にとっては内的世界を再構築するための重要な作業である場合が少なくない。

子どもの行動に内的な意味を感じ取れるような場合には，周囲の人はひきこもりの状態を〈蛹〉と考え，それをできるだけ保障することが必要となる。しかし，そこで展開するプロセスは，常識的には理解しにくく，親・家族にとっては不安を抱かざるを得ないものであろう。子どもが何かに夢中になればなるほど，ある意味では子どもの行動は現実から遊離するわけであるから，時には「この子は精神障害を引き起こしているのではないか」と疑われることもある。実際，子どもの内閉的な状態が統合失調症の発症の兆候であることもあり得るのである。したがって，親・家族が子どもの内閉的な行動に生産的な意味を見いだすことができるかどうか，また子どもの内的作業に連れ添うことができるかどうかは，一般的にはかなり難しい問題である。臨床心理士などの専門家が，子どもや親に対する援助の役割を担う必要があるのも，そのような場合ということができよう。

3 ── かけがえのない自分の存在の確認としてのひきこもり

ひきこもりのあらわれ方はさまざまであるが，そこに共通しているのは，ひきこもりをしている本人が周囲の人から自分がかけがえのない存在として本当に認められているのかどうかを確かめようとする切実な思いであろう。

たとえば，ある青年は，中学に入って間もなく不登校状態になり，高校にはとりあえず進学できたものの，級友とのトラブルが原因で早々に退学してしまい，それ以降は家を中心とした生活に漫然となじんでしまった。当初は不登校を主訴に来談していたが，高校を中退してからは，外に出る生活ができないことが主訴となり，それもすでに10年以上が経過しているという状況である。この人の場合は，車を運転して外出することもできるため，それほど適応が悪いわけではない。そのために，「お前は結局怠けているだけだ」と親からも批判されるし，本人も「自分は，家の中でひっそりと生活しているのが一番楽でよい」と，やや自虐的な認識をもっている。

　彼は，親の庇護のもとで気ままな生活をしているように見えて，内面においてはさまざまな苦悩を体験しており，その中核は，親・家族が自分のことを正当に評価してくれていないこと，自分がかけがえのない存在として認められていないことへの根深い不満である。そしてその不満は，思い起こしてみると子どもの時期から続いているものであった。そうした不全感は，一種のコンプレックスとなって，彼を両親とのしがらみから容易に抜け出せないようにしていたと思われる。彼は親の世話になっていることに後ろめたさを感じつつも，世話されることを切に求めていたのである。

　この青年の場合は表面上穏やかな生活を営んでいるのであるが，また異なるタイプの事例においては，いま述べた不全感は，まさに根源的ともいえる激しい怒りとして噴出し，家庭内暴力のような激しい行動につながりかねないものなのである。いずれにしても，共通しているのは，親・家族への深いこだわりである。彼らはけっして親・家族との関係を切ろうとはしない。それは自分が自立できないからやむなくそうしているのではなく，親・家族との強い絆そのものが彼らの願望なのである。

　ひきこもりという行動は，自分の自立的な生活基盤を破壊し，否応なしに自分を親・家族の庇護のもとに置く結果をもたらす。親・家族から世話を受けることは，彼らの根源的な不全感・不信感を癒すための代償行動である。しかし，それはあまりに屈折した行動であり，かけがえのない存在として自分を認められたいという彼らの本当の願いはけっしてかなえられることがない。それゆえにひきこもりは悪循環のなかで続くことになるのである。

第1章 ■「ひきこもり」の定義・メカニズムと発達臨床心理学的な意味

　ところで，彼らのことをかけがえのない存在として認めるといっても，それは単に彼らを受容すればよいわけではないことを十分に認識しておく必要がある。彼らは，自分のことをけっして切り捨てることなく，また自分から逃げることなくきちんと対応してもらいたいのである。それは，柔軟な父性的なかかわりとでもいうべきであろう。親・家族がもつべき枠をしっかりと守りつつも，深いところでは自分のことを真剣に考えてくれているという手ごたえが必要なのである。切り捨てるだけのかたくなな父性も，抱え込むだけの底なしの母性も，彼らには意味をもたないであろう。

　具体的には，次のような事例がある。不登校からひきこもり状態となり，家庭内暴力をともなった男子高校生の事例である。母親は恐れや混乱の時期を経た後，覚悟を決めて子どもに一貫したスタンスでかかわり続けることを選択した。すなわち，親として最低限言わなければいけないことは，暴力を受けることを恐れずに毅然と伝える一方，子どもが自分の責任で考えたり模索したりすべきことについてはいっさいの介入を控えて子どもに委ねたのである。それは，彼を抱え込みもせず，切り捨てもしない姿勢であった。それはまた，彼と一定の距離をとったうえで，彼を信じ，彼に関心をもち続ける態度であった。内的なエネルギーを消耗するたいへんな作業であったが，母親はしだいに自然とそうしたかかわりができるようになり，数年の時間を要した後に，子どもは立ち直り，ひきこもりの状態から抜け出すことができたのである。

　また，河合（1979）があげている父と子の対決も，切断する強い父性の発揮ではなく，つながることを求めるなかで発揮される父性のあり方を示している。その事例において，不登校の状態にある子どもが登校の代償に次々と買わせるものがエスカレートすることにたまりかねた父親が，ついに月給袋を子どもの目の前に示し，「お父さんの月給はこんなんや，知ってるか」と伝えた。子どもはびっくりし，何かに気づいたかのごとく立ち直った（p.127）。父親のこの行為は，混迷状態を断ち切ろうとする父性的なものであると同時に，厳しい現実をわかってもらおうとして子どもとのつながりを必死に探る行為でもあった。

　ここに述べたことは，ひきこもりの事例すべてにあてはまるわけではない。しかし，理解しにくくみえる，あるいは手の施しようのないようにみえる事例

においても，彼らが切に求めているものがあり，それを理解する必要があることを指摘することができよう。そこにおいて求められているものこそが，ひきこもりがもつ意味だからである。

Column ②
ひきこもりによる修行

「(ひき)こもり」は、古くから修行の形態として日本には根づいている。古代に生まれた修験道では、修験者たちが霊山における入峰修行を行う。そこでは世俗に染まった修験者がいったん死んだ後に再び母胎内に宿り、仏性を備えた新しい人間として出生するという"偽死再生"のモチーフが構成されている。一連の宗教儀礼を通して、修験者は一度死を受け入れ、それまでの自分や環境と決別したうえで、母胎内で法身を志す。そして再び出生し、獲得した超自然的な力を里人のために施すのである。

また、中世に中国より伝わった禅宗の修行においては、真実の自己に目覚め、それをしっかりとつかんで日常生活のうえに十分に活かし、世の中（他者）を救い、人間としての本当の生き方をしていく実践を目的としている。禅の修行のプロセスを表した十牛図は、牛飼いの子の牧童（修行者）が逃げた牛（自分の中の真実の自己）を探し求める物語である。真実の自己を見つけだし、ついには悟りの境地に至り、他者のために生きるまでが表される。実際、禅の修行においては、托鉢が重んじられる。こもりの状態である禅堂から現実世界に出て、他者によって生かされている自己を認識するのである。

さらにこのような東洋思想を背景として、20世紀に入って森田療法が創始された。森田療法では、それまで抱えてきた不安や苦痛を「あるがまま」に引き受けたうえで、自分自身の人間としての価値を問い、人間としての意味に向かって自己実現を果たすことを目標としている。その治療プロセスの第1期は絶対臥褥期である。1週間、日常的な外界と遮断された状態で洗面や排泄などの基本的な生活行動以外はひたすらベッドに横たわる。当初はそれまで持ち続けてきた不安や悩みが強く頭をもたげ煩悶・葛藤に苦しむが、やがて早く日常生活に戻りたいという心境になり、「生の欲望」が強まる。第2期の作業療法期では対人接触や作業が段階的に増やされていく。対人接触や作業を逃れ部屋に閉じこもっていたいという逃避的欲望と、積極的に人と接し生活をよりよいものにしていきたいという向上的欲望との2つの欲望が拮抗するが、後者が前者を上回るようにする。その後退院し、日常生活へ復帰する。

これらの「ひきこもり」の形態による修行・心理療法には、"隔絶した世界における再生と日常への回帰"というひとつの共通原理がある。ただしこの隔絶した世界について、宮家（1970）は"母即不動明王"という興味深い指摘を行っている。つまり母胎内（こもっている状態）とは、傍が思うような安穏だけの守られた空間ではなく、その中では十界修行ともいうような厳しい経験がなされているのである。この意味において、ひきこもりは修行・雌伏・隠棲といった豊かな世界を秘めているといえよう。

第2章

ひきこもる青少年の実態と
その内容

第1節 「ひきこもり」のレベル

1 ひきこもりの理解—生態的視点—

　ひきこもりの理解は，心理相談においては，他の対応と同様に相手の生活状況を把握し，だれが困っているのか，何が問題となっているのか，どのような対応が可能なのかを吟味していくことからはじまる。それは，①いつから（時間的），②どのような状況（空間的）で，③だれと何をしているのか（関係性）といった基本的な内容を明らかにしていくことである。時間的視点は，その状態が一時的なものかどうかを判断するために重要であり，長期化すればするほど問題は複雑化し，困難性が増すと考えられる。空間的視点は，生活空間の把握であり，自室に閉じこもりきりなのか，それとも家のなかなら居られるのか，あるいは近所のコンビニやビデオ店くらいなら外出できるのかといった本人の生活の場を把握する視点である。関係性は，他者とのコミュニケーションのあり方であり，一日中，だれとも話をしないのか，それとも母親なり妹なり家族の一部とは話をするのか，また，一部の友人とは電話でのやりとりもできるのか，などの情報にかかわる視点である。多くの場合は，他人とのかかわりは少ないが，インターネットやメールでのやりとりは頻繁に行い，ゲーム，ビデオ，音楽に通じており，夜間，コンビニやビデオ店へはでかけることはできるようである。もうひとつの視点として，④個人的視点というものがある。それは，本人の生活状況や会話のなかから，本人の考え方，興味，コミュニケーション能力（現実吟味力），生活能力（食事，排泄，整容，入浴，洗濯，清掃，買い

物等）やこれまでの生活歴を捉える視点である。

2 生態的視点における2つのレベル

　ひきこもりの問題においても，問題そのものを正常か病気かといった単純な診断としてではなく，臨床像を生態的に把握し，心理・社会的，生物・生理的要因が複雑に絡み合ったものとして理解することが重要であり（厚生労働省，2001），それぞれのレベルに応じて，成長促進的かかわりあるいは治療的かかわりをいかに行っていくかが求められる。

　図2-1，図2-2は，臨床像を生態的に捉えた際に，生物・生理的，心理的，社会的それぞれ3つの次元を本来を一体として表現されるものを，2つのレベルに分けたものである。それゆえ，2つの図を上下につなげて見ていただけるとよい。

1──心理・社会的（成長促進的）レベル

　相談の対象となる多くの人たちは，青年期，成人初期の人である。これらの時期は，それまでの自己をふり返り，これからの自己を築き直す時期である。これまでの学校生活やサークル，アルバイト活動等を通じてさまざまな社会的役割を経験し，他者の評価を視野に入れながら，社会に出るための自己を定義することが求められる。その意味において社会に出る前に一定期間，モラトリアム（支払猶予）を経験することによりアイデンティティの確立が促されると考えられる。このことが「ひきこもり」を「自分探し」として肯定的に位置づける大きな根拠となっている。そうした理解にたてば，ひきこもりはだれもが多かれ少なかれ経験する発達における一過性の正常な反応ということができよう。

　マーシャ（Marcia, 1964）は，アイデンティティを捉えるにあたって，①役割の試みと意志決定の期間という「危機」と，②人生の重要な領域に対する「積極的関与（傾倒）」の有無という心理・社会的基準を考案し，表2-1のような4つのステイタス（状態）を設定している。このことは青年期，成人期にある人たちにおおむねあてはまるものであり，人それぞれの「自分探し」を理解する視点といえる。

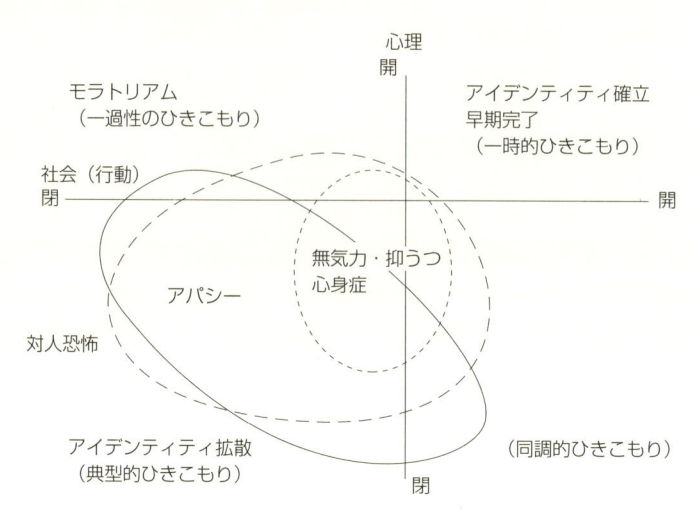

第2章 ひきこもる青少年の実態とその内容

図2-1 ひきこもりのレベル――心理・社会的（成長促進的）レベル

（図中ラベル）
- 心理 開／閉
- 社会（行動）閉／開
- モラトリアム（一過性のひきこもり）
- アイデンティティ確立早期完了（一時的ひきこもり）
- 無気力・抑うつ　心身症
- アパシー
- 対人恐怖
- アイデンティティ拡散（典型的ひきこもり）
- （同調的ひきこもり）

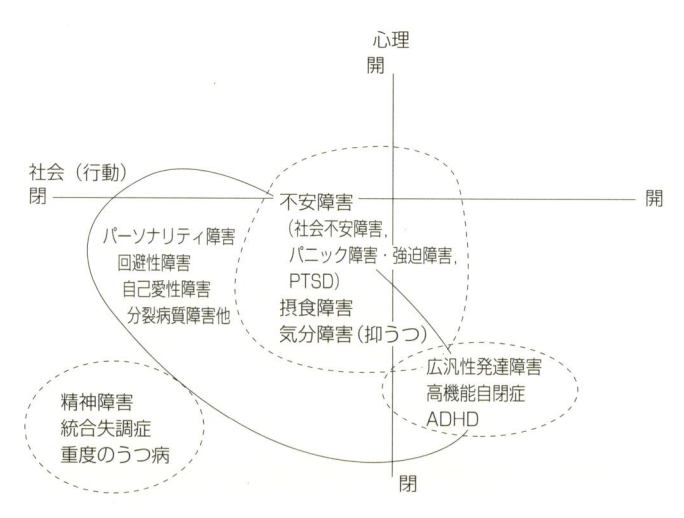

図2-2 ひきこもりのレベル――生物・生理的（病理・治療的）レベル

（図中ラベル）
- 心理 開／閉
- 社会（行動）閉／開
- パーソナリティ障害　回避性障害　自己愛性障害　分裂病質障害他
- 不安障害（社会不安障害、パニック障害・強迫障害、PTSD）　摂食障害　気分障害（抑うつ）
- 広汎性発達障害　高機能自閉症　ADHD
- 精神障害　統合失調症　重度のうつ病

　無論，発達的に正常な反応とはいっても，危機への対処はだれもが順調に進むとは限らない。状況によっては，それまでの生き方の変更を余儀なくされることもある。危機とは，人生の重要な目標に向かうときに今まで用いていた問題解決の方法では克服できない障害に直面したときに生じるものであり，人を

破綻させることもあれば，成長のきっかけや転機をもたらすこともある。自分のあり方に迷いが生まれれば，自分に自信がもてず，他者の評価が気になるようになる。人によっては，対人不安や対人緊張を強くして，しだいに対人恐怖に発展する場合もある。「相手の視線がこわくて目をあわせられない」「悪口

表2-1 アイデンティティ・ステイタスとひきこもりとの関連
（Marcia, 1964をもとに筆者作成）

ステイタス	危機	積極的関与	概要	ひきこもりのタイプ	心理	社会	概要
アイデンティティ確立	経験した	している	幼児期からのあり方について確信がなくなり，いくつかの可能性について本気で考えた末，自分自身の解決に達して，それに基づいて行動している。	一時的	開	開	強いストレス下に置かれた場合，一時的に（たまたま）ひきこもることがある（おもに早期完了）。
早期完了	経験していない	している	自分の目標と親の目標の間に不協和がない。どんな体験も幼児期以来の信念を補強するだけになっている。硬さ（融通のきかなさ）が特徴的。				
モラトリアム	その最中	しようとしている	いくつかの選択肢について迷っているところで，その不確かさを克服しようと一生懸命努力している。	一過性	開	閉	発達においてだれもが経験する一過性の反応。
アイデンティティ拡散	経験していない	していない	今まで本当に何者かであった経験がないので，何者かである自分を想像することが不可能。	典型的	開	閉	自分が何をしたいのかわからず，かといって，周囲にいわれるように仕事についたりすることもできない。自分らしさを追い求めるあまり，人とのかかわりが煩わしく感じられ，自分を守るようにひきこもる。
	経験した	していない	すべてのことが可能だし，可能なままにしておかなければならない。	同調的	閉	開	表面的には，周囲のものに合わせて適応的な態度をとっていても，しっかりとした自分がなく，空虚感や対人的な葛藤を抱えており，周囲に合わせることに無理が生じるとひきこもる。

や笑われている気がしてこわい」などの訴えや赤面恐怖，醜形恐怖，自己臭恐怖（しゅうけい）などにも関連する。このいずれにも対人関係における不合理な考えに対するとらわれを指摘できる。学歴や容姿，身体的能力などの社会的評価を自分自身の価値観として，きちんと吟味もせずにそれのみにとらわれると，それらの挫折によって，アパシーや拒食症，過食症（心身症）が生じることもある。

　図2-1は，このような視点に基づくひきこもりの分類である。ここでは，ひきこもりを発達における「自分探し」の過程と理解し，教師，家族，友人，カウンセラーなどが「関係性」の発達を意識してその援助を行う。図2-1は，現実の社会参加，関与の程度（社会）と他者への共感や防衛の程度（心理）という2つの軸に基づいて，前述したアイデンティティ・ステイタスと「ひきこもり」を関連づけ，さらに発達のつまずきとしての対人恐怖，抑うつ，心身症といった臨床像を仮説的に位置づけたものである。ひきこもりの典型として，アイデンティティ拡散が位置づけられているが，これは，学業には意欲はないが，アルバイト活動などは相応にこなすアパシーと近似し，自分らしさへのとらわれや社会的状況，対人関係からの回避を特徴としている。同調的ひきこもりとは，表面的には，周囲の人に合わせて適応的な態度をとっていても，しっかりとした自分がなく，空虚感や対人的な葛藤を抱えており，周囲に合わせることに無理が生じるとひきこもりに転じることを示している。これは，価値の多様化に応じた適応的なスタイルともいえるが，自分の可能性をそのままにしておくだけで，しっかりとした自分をもてない状態ともいえる（小此木，1980）。また，正常とはいっても，主として早期完了のアイデンティティ・ステイタスにおいては，極度のストレス下に置かれれば，一時的なひきこもりに陥る可能性があると考えられる。

2——生物・生理的（病理・治療的）レベル

　心理・社会的視点に加えて，生物・生理的視点すなわち医療（精神科医等）とのかかわりを考える視点である。図2-2は，DSM-Ⅳによる操作的な定義から，ひきこもりにかかわるおもな精神障害相互の関係を大まかに図示したものである。特に見立てが必要なのは，統合失調症や重度のうつ病による場合である。というのも，このことが自傷他害の恐れとして社会的な犯罪や自殺につな

がることがあり得るからである。「自分の考えが他の人に伝わってしまう」「だれかにいつも監視されている」などの妄想や「死んだ人の顔が見える」「早く死ねという声が聞こえる」などの幻覚，幻聴あるいは支離滅裂な言語表現などが認められれば，明らかに統合失調症が疑われる。また「ここ何日も連絡がとれない」「部屋にいるらしいが，夜でも部屋に電気がついていない」など「何もしない」「ただ横になっている」ような状態なら，先の疾患の陰性症状もしくは重度のうつ病の可能性が疑われる（無論，身体的疾患の可能性を否定したうえでのことであるが）。

　その他の疾患としては，①不安障害—社会不安障害，パニック障害，強迫性障害，PTSD（心的外傷後ストレス障害），②摂食障害，③気分障害（抑うつ），④パーソナリティ障害などがある。

　①の不安障害には，恥ずかしい思いをするかもしれないという状況を不安に感じる社会不安障害，動悸，発汗，めまいなどの身体症状をともない「死んでしまうかもしれない」という破局的な思いから電車やバスに乗れないなどの空間恐怖を示し，結果的にひきこもりにつながるパニック障害，不合理だとわかっていても考えが浮かんで消えない（強迫観念），行動せざるを得ない（強迫行動）強迫性障害などがある。強迫行動には，強度の対人恐怖や，何度も手を洗わないと外出することができないというような洗浄強迫などがある。PTSDは，いじめや事故，災害の経験が強いストレスとなって，ストレス状況を回避しようとするものである。いずれも結果的にひきこもりを強めてしまう場合がある。

　②の摂食障害も強迫性が指摘でき，拒食やわかっていても食べ過ぎてしまう過食，嘔吐などの症状は，強迫行動として理解することができる。

　③の気分障害（抑うつ）は，落ち込んだり，気分がふさぎ込むような状態であるが，うつ病よりは軽度のものをさす。これらの障害は，単独でひきこもりを引き起こす場合もあるが，ひきこもりが長期化するなかでいくつかの症状が複雑に絡み合ってしまう場合があり，その意味でこのレベルは薬物の適用可能性を探る視点とも言い換えられる。というのも，いずれも薬物療法の適用により，気分の落ち込みや不安感，こだわりといった精神症状の改善が期待できるからである。しかしながら上述したさまざまな随伴症状をもち，単純に「自分探し」とは捉えきれない人たちもいる。典型的なひきこもりのひとつであるア

イデンティティ拡散やアパシーとされる人たちのなかには，精神医学的には④のパーソナリティ障害に該当し，回避性障害もしくは分裂病質障害あるいは自己愛性障害等に下位分類される可能性のある人が見受けられる。彼らは，薬物治療だけではひきこもりの改善が少ない人たちであり，かかわりの困難な人たちといえる。一方，高機能自閉症，アスペルガー症候群といった広汎性発達障害やADHDと診断される人たちのなかにも，成長するにつれて周囲とのズレが大きくなり，二次的に抑うつ症状，ひきこもり等を呈する可能性があることを指摘しておきたい。

「自分探し」には，他者との交流を通して人生の重要な選択を決定する「関係性」の視点が重要である（杉村，1998）。そのため，じつはひとりきりでは解決できない課題である。現状では，「不登校」についてはおおむね心理・社会的（成長促進的）レベルの理解が中心であり，教育，医療，福祉とさまざまな機関が多様な取り組みを行いはじめているのに対して，「ひきこもり」に対しては，同じ「自分探し」「生き方の変更」を援助する視点よりも，生物・生理的変調に対して治療的かかわりを行うという理解が優位といわざるを得ない。青年期，成人初期以降を対象とした相談機関が保健・医療機関が中心であることもその理由となっているが，これらの機関でも問題は治療だけではなく，発達を促すことの重要性も認識されはじめてきており，家族会やデイケアなどで心理教育的（成長促進的）プログラムが工夫されてきている（斉藤，1998；近藤，2001）。とはいえ，「不登校」と比べると「ひきこもり」の存在は世間一般に理解されているわけではない。周囲からは常識として年齢相応に就業することが求められるが，現実には困難な状況が立ちはだかる。学歴も低く，就学・就業がなされていない状況は，社会復帰に際してきわめて不利といわざるを得ず，結果的にひきこもりが増加・長期化し，本人・家族が孤立化するという社会現象としての理解が不可欠であり，家族への援助を含めて社会そのもののあり方と絡めたレベルでの理解（視点）が重要である。大学の学生相談室や保健管理センターは，不登校やひきこもりへの理解と対応について青年期，成人期を対象とする教育機関という意味で両者への提言を行うことができると考えられる。

Column ③

精神病にみられるひきこもり

　最近では「ひきこもり」に対する関心が社会的にも高まり、ドキュメンタリー番組でも特集されるようになった。しかし、その実態にはさまざまなものがあり、背景にある精神病理も幅広いものがある。ここでは精神病、特に統合失調症における「ひきこもり」について概観し、その対応について述べたい。

　統合失調症は青年期に発病しやすく、基本的には感情の鈍化や意欲の低下が著しくなり、現実への関心を失い、他者とのかかわりも避けてひきこもり、無精で無為な状態に陥るといった特徴がある。また、特異な症状として幻聴（実際にないはずの話し声や悪口が聞こえてくる）や妄想（訂正困難な非現実的な確信）、およびそれらと関連した奇妙な言動や被害的な訴え、極度の不安・緊張などがみられる。奇妙な症状が目立つ場合は、精神科受診の緊急性が感じられるが、情意減退やひきこもりが主で、徐々に進行する場合は、統合失調症とわかりにくく、治療が遅れがちになる。また、もともと非社交的でおとなしい性格のものが多いために、ひきこもりがちになっても、周囲が異変に気づかないこともある。

　中学・高校生や大学生の不登校でも「ひきこもり」がみられることはあるが、すべてが統合失調症とは限らない。しかし、家庭内でも意欲や自発性が乏しく、表情や行動に独特の硬さや強い緊張がみられたり、家族とのかかわりも極端に避けるような場合には、統合失調症の疑いがある。また、言動が奇妙でまとまりがない、思考が支離滅裂である、ひとりで何かブツブツ言っている、ニヤニヤと薄笑いを浮かべているなどといった状態がみられる場合は、統合失調症の可能性が強い。

　さらに、極端なひきこもり状態にあっても、妄想や幻聴は活発であり、これに支配されて現実吟味を欠いた衝動行為を引き起こしたり、興奮して攻撃的にふるまう結果、破壊的な事件につながる場合もある。しかし、マスコミの過大な報道によって統合失調症＝「異常犯罪」といった偏見をもってはならない。

　今日では薬物療法の進歩により、早期の治療によって病状の進行を抑えたり、再発を防ぐことも可能となっている。疑わしい場合は、できるだけ早く専門家に相談することが望ましい。ただし、本人の病識が乏しく、精神科受診や服薬を拒否して、治療の導入が困難になる場合も少なくない。入院治療が必要になることも多い。また、病状が落ち着いてからも情意減退や非社交的な傾向は残され、学業や就業、対人交流に支障をきたす場合もある。家族と専門機関が協力しながら、本人の社会適応を焦らず根気強くサポートしていく必要がある。

第2節

さまざまな「ひきこもり」の状態像

1 抑うつ・無気力

1——アセスメントの重要性

　すでに述べたように「ひきこもり」は，独立した臨床単位ではない。心理的要因，病理的要因，環境的要因などのさまざまな要因が複雑に絡み合って生じる対人行動的現象である。したがって，「ひきこもり」に関しては，現象としては一見同じようにみえたとしても，どのような要因が関連しているのかによって，その状態は大いに異なってくる。そのため，介入を行うにあたっては，対象となるひきこもりの関連する要因と状態を的確にアセスメントし，その状態に適した介入方針を策定することが重要となる。本項のテーマである抑うつと無気力は，この「ひきこもり」の病理的要因および心理的要因に相当する状態である。

　抑うつと無気力の両者は，ひきこもりの主な要因となるという点では共通している。また，この両者は，一般的には近縁（時には同一）の心理状態と見なされることが多い。確かに，うつ病の症状のひとつとして意欲の低下があり，これを無気力と同一と見なすならば，抑うつと無気力は近縁または同一の状態となる。そのため，抑うつと無気力は，一括してひきこもりの原因と見なされることが多い。

　しかし，ひきこもりの要因となる無気力には，抑うつとは質的にまったく異なる状態がある。それは，アパシーとよばれる，独特の回避傾向を示す無気力

である。日本では，このアパシーとしての無気力がひきこもりの心理的要因となっていることが非常に多い。そこで，ひきこもりに適切に介入するためには，対象となっているひきこもりが抑うつに因るものなのか，あるいはアパシーとしての無気力に因るものなのかを区別することが重要なポイントとなる。さらに，同じ抑うつでも，それが，気分障害の症状なのか，あるいは分離不安や適応障害との関連が強いものであるのかによっても，質が異なってくる。そこで，ひきこもりに適切に対処するためには，アセスメントの技能が非常に重要な意味をもつことになる。

2──抑うつ：気分障害との関連で

ひきこもりの病理的要因となる疾患単位としては，統合失調症と気分障害がある。両者が要因となって生じるひきこもりの状態は，それぞれでまったく異なっている。しかし，いずれの場合も非常に深刻な病的状態であり，ある種のパターンを示すという点では共通している。本項では，そのなかで気分障害を要因とするひきこもりについてみていくことにする。

American Psychiatric Association（1994）によるDSM-Ⅳ（『精神疾患の分類と診断の手引き第4版』）に従うならば，気分障害は，うつ状態のみを示す「うつ病性障害」と，うつ状態と躁状態を示す「双極性障害」に大別される。さらに，うつ病性障害は，主に重症度によって大うつ病性障害と気分変調性障害に分けられる。また，双極性障害も，その重症度によって双極障害と気分循環性障害に分けられる。これらの気分障害がひきこもりの原因となるのは，うつ状態が前面に出ているときである。つまり，双極性障害にあっては，躁状態が前面に出るときにはひきこもることはなく，うつ状態の時期にひきこもりがちになる。したがって，気分障害との関連でひきこもりが生じているか否かを判断するためには，うつ状態の有無を見ていけばよいということになる。

気分障害におけるうつ状態を示す症状としては，以下のようなものがある。
＜生理的変化＞不眠（または過眠），食欲減退（または過食），性欲の減退，意欲減退，活動性低下，疲れやすさ，自律神経失調症状（めまい，肩こり，全身倦怠感など）
＜感情の異常＞絶望感，無価値感，罪責感，焦燥感

＜思考の異常＞注意力や集中力の低下，決断困難，否定的自己認知，自殺念慮，自己卑下的妄想

　以上の症状のなかでも，意欲減退，活動性低下，疲れやすさなどによって外出できなくなり，ひきこもりの状態になる。また，注意力の低下や自己卑下的妄想などのために，人と会うことが苦痛となり，対人接触を避け，ひきこもりがちになる。ただし，気分障害になりやすい人の性格として，まじめで几帳面であることが多い。そのため，うつ状態であっても当初は，無理をして外出し，社会的関係を維持しようとする傾向が強い。しかし，ひとたび社会的活動を維持することを断念すると，強いひきこもりを示すようになる。このような状態において無理に外出や対人接触を強要することは，病的状態をさらに悪化させ，場合によっては，自殺に追い込むことにもなりかねない。

　ここでのひきこもりは，病理的要因が強く影響しているので，病気が回復するのに必要な，比較的長期の時間を要することが多く，またいったん回復しても再発ということで循環的にくり返されることも多い。そのような循環性を考慮して対応することが必要となる。

3──抑うつ：分離不安との関連で

　前記の病的状態としての抑うつとは異なり，発達的側面および環境的側面との関連で抑うつ状態が生じ，それがひきこもりの要因となることがある。これは，病理的状態ではなく，心理的要因に基づく抑うつである。したがって，病理的状態とは異なり，ひきこもりの要因となっている心理的問題が変化するならば，ひきこもりの状態もそれに対応して変化する可能性が高くなる。その点では，一過性のひきこもりになりやすい。

　DSM-Ⅳにおいて発達的側面との関連で抑うつを生じる状態としては，分離不安障害がある。これは，家庭または愛着をもっている人からの分離に対して過剰な不安を示す状態である。思春期・青年期は，児童期の愛着対象であった主たる養育者（親）からの心理的分離の時期である。そのような心理的分離に対して過度の不安や抑うつ感をもつ場合には，家庭や親元に居ることを求めるようになり，ひきこもりが生じる。分離不安障害の発生は，18歳未満とされている。年齢が上昇するにしたがって，不安よりも抑うつが強くなる。愛着

対象からの分離に対して，強い見捨てられ不安に基づく抑うつ感や空虚感を抱き，さまざまな行動化を示すのが境界性パーソナリティ障害である。境界性パーソナリティ障害では，自傷行為などの多彩な行動化を示すが，その行動化のひとつとしてひきこもりが生じることもある。したがって，分離不安障害および境界性パーソナリティ障害のいずれにおいても，親からの分離過程で生じる不安や抑うつに由来する行動化としてひきこもりが生じることになる。ここでは，親からの分離過程に関する情報分析がアセスメントのポイントとなる。

4 ── 抑うつ：適応障害との関連で

環境的側面との関連で抑うつが生じ，それがひきこもりの要因となることがある。これは，DSM-Ⅳでは，抑うつをともなう適応障害ということになる。適応障害とは，はっきりと確認できるストレス因子に反応して，そのストレス因子の始まりから3か月以内に，情緒面または行動面の症状が出現する事態である。したがって，強いストレスを感じるできごとがあり，それに反応して抑うつ状態をともなう不適応状態に対してひきこもりが生じた場合，この適応障害に相当することになる。したがって，ここでは，ひきこもりに先行するストレス因子の存在を確認することがアセスメントのポイントとなる。

5 ── 無気力：アパシーとの関連で

日本において青年期のひきこもりの主要な要因になっているのが，アパシーとしての無気力と考えられる。このアパシーとしての無気力の特徴は，何らかの問題状況に置かれた際に，表2-2に示したように独特の回避行動を示すことである。つまり，この種の回避行動を示す若者は，無気力な状態となっているために，自らの置かれた問題状況に対処できない。しかし，問題に対処できない状況の深刻さを否認し，その場しのぎの安易な約束をし，問題状況を回避し続ける。たとえば，学校や職場などで試験や発表など自己が試される状況，あるいは難しい対人関係などに直面した際に，学校や職場を休むことでその困難な状況を回避しようとする。そして，その回避行動を指摘された場合，次回は問題に取り組むことを約束する。しかし，実際に問題に直面すると再び問題を回避する行動をくり返し，結局は一貫性のない分裂した行動をとるというこ

表2-2　行動障害の次元（下山，1998；下山・丹野，2002を一部改変）

回　避
困難が予想される状況（例：失敗する，恥をかく，責められる等）を回避し，葛藤場面に直面をしない。ただし，全面的に現実を回避してしまうことはない。日常生活において，一日中ボーッとしていたり，昼夜逆転したりすることもあるが，本人が脅かされない事柄（例：パソコン，ゲーム，パチンコ，アルバイト等）については，優れた行動力を示すことがある。
- 総合失調症のような現実感喪失やうつ病のような生活能力低下はみられないので，病的にはみえない。
- 場面回避であり，日常行動は障害なく行うので，周囲の者は，あれだけの行動力があるのにどうして学業ができないのかと苛立たされる。

否　認
自らが陥っている困難な状況に関して，その事実経過は認めても，それを自らが対処していかなければならない深刻な状況として受けとめ（られ）ない。
- 自らが援助や相談を求めてくることはない。親や教師などに問題を指摘されて，半ば強制的に相談機関に紹介，あるいは連れてこられる。
- 問題を指摘しても，深刻さがなく，他人事のように反応する（例：「何とかなりますよ」）ので，周囲の者が拍子抜けしてしまう。

分　裂
他者との間で問題解決のための行動をとることを安易に約束する。しかし，授業に出なければならない，試験を受けなくてはならないといった困難な状況に実際になった場合には，以前と変わらない回避行動を繰り返す。しかもそのような一貫性のない行動をとったことを反省できず，何回も同じことを繰り返す。
- 自らの行為に対して責任をとることがないので，本人は悩まない。
- 安易な約束と回避行動を繰り返す一貫性のない分裂した行動を繰り返すため，周囲の者が悩まされる。

とになる。

　このような一貫性のない分裂した回避行動に対して周囲の者が苛立ち，その無責任な態度に批判や非難を浴びせることになる。ところが，アパシーとしての無気力を示す者は，表2-3に示したように性格傾向として「常にきちんとしていて，人からは肯定的にみられていたい」という，適応強迫ともいえる自己愛性をもっている。そのため，他者からの批判や非難には非常に敏感で，批判や非難される危険性のある場面を選択的に回避するようになる。その結果，しだいに現実場面を避け，自分の部屋などにひきこもるようになっていく。ただし，抑うつのように全面的にひきこもるのではなく，自らが非難や批判される場面を選択的に避けることが基本となっているので，非難や批判の危険性がないことが確保されていれば，外出し，行動することもできる。その点で，アパシーとしての無気力のひきこもりは，選択的ひきこもり，あるいは部分的ひ

表2-3　心理障害の次元（下山，1998；下山・丹野，2002）

自己不確実
自分が心からやりたいことを意識できない。基本的に自己の欲求という発想がないため，自己の欲求がないことさえも自覚できない。周囲の期待や批判に敏感に反応するが，内的欲求に基づく自己主張や自己決断が求められる場面には対応できない。
・進路決定は，自己決断を求められるものであり，最も苦手な課題である。
・内的欲求が希薄なため，異なる欲求間の対立である心的葛藤も生じない。したがって，自己不確実感は，アイデンティティの葛藤とはならない。

アンヘドニア
やる気がしない，面白くないといった状態が慢性化し，意欲の減退がみられる。生き生きとした快感覚が失われ，活気が乏しくなっている。しかし，不安，抑うつ，離人感とは異なり，苦痛や違和感がないので，心理的問題として自覚されることはない。
・いわゆる精神症状ではないので，神経症，うつ病（抑うつ状態）とは異なる。
・自我親和的状態であるので苦悩とはならず，自発来談，来談継続が難しい。

時間拡散
一日中ボーッとしているなど張りのない生活をしているにもかかわらず，焦りを継続してもつことはない。昼夜逆転となり，生活のリズムが狂い，将来計画だけでなく，翌日の予定もはっきりしないといった，時間的展望が拡散した状態が続く。
・過去，未来という時間的展望のなかで自己を見直すことがないので，自己の行動を反省できない。
・時間の管理ができないので，約束を守ることが難しい。

きこもりとなる。

6──無気力：抑うつとの差異

　抑うつにおいては，本人は，自らの状態に苦しみ，自らを責め，苦悩する。自らの状態に自信がもてないということが中核にあり，そのことを常に意識し，悩んでいるがゆえに，現実に外に出ることができなくなるのが抑うつによるひきこもりである。それに対してアパシーとしての無気力の場合には，当人は悩むということはない。むしろ，問題状況に直面しても，現実を避けることで悩まないで済まそうとするのが，アパシーとしての無気力の特徴である。その点で，アパシーとしての無気力は，表2-2にあげたように回避，否認，分裂といった悩まない行動障害を示すことが特徴となっている。また，アパシーとしての無気力を示す若者は，単に悩まない行動障害を示すだけでなく，表2-3に記した独特の悩めない心理障害をも示す。このような若者は悩めないので，心理相談などの援助活動に対しても無関心となる。

表2-4 アパシー性パーソナリティ障害（Apathy Personality Disorder）の判断基準（下山，1998；下山・丹野，2002を一部改変）

A．心理的には無気力（アパシー）状態にあるにもかかわらず，表面的な適応にこだわりつづける広範な様式で，青年期中期から成人期にわたる広い範囲の年代で始まり，種々の状況で明らかになる。以下のうち5つ（またはそれ以上）によって示される。
  (1) 適応を期待する他者の気持ちを先取りした受動的な生活史がみられる。
  (2) 適応的で自立している自己像への自己愛的な固執がみられる。
  (3) 他者から不適応を批判や非難されることに対して強い恐怖心や警戒心をもつ。
  (4) 不適応があからさまになる場面を選択的に回避する。
  (5) 不適応状況に関する事実経過を認めても，その深刻さを否認する。
  (6) 不適応場面において，言動不一致，一過性の精神症状，ひきこもりなどの分裂した行動を示す。
  (7) 自己の内的欲求が乏しく，自分のやりたいことを意識できない。
  (8) 感情体験が希薄で，生命感や現実感の欠如がみられる。
  (9) 時間的展望がなく，その場しのぎの生活をしている。
B．統合失調症，気分障害，他の精神病性障害の経過中にのみ起こるものではない。

　それに対して抑うつの場合，本人自身が苦悩しており，基本的には他者の援助を求めている。また，「見捨てられ抑うつ」という用語に示されているように，抑うつの心性の背後には，愛着対象を強く求める依存欲求が含まれている。したがって，抑うつを要因とするひきこもりの場合には，基本的には援助欲求が認められる。この点において，悩まない行動障害や悩まない心理障害を示し，援助的介入を回避するアパシーとしての無気力によるひきこもりは，抑うつによるひきこもりと性質を異にしているといえる。
　アパシーとしての無気力は，当初，日本の大学生に独特な無気力であるスチューデント・アパシーとして注目された。それがしだいに，表2-4に示すような独特の無気力を示す青年期障害として日本の青少年に幅広くみられることが明らかとなっている。このような無気力は，スチューデント・アパシー以外でも，無気力型の不登校に加えて，最近では定職に就かず，部分的なひきこもりとフリーターや短期の海外留学などをくり返し，結局は社会的関係を構築できない青少年や，職場で頻繁に欠勤をくり返す若年層にもあてはまることが指摘されている。

2 パーソナリティ障害

1──パーソナリティ障害とは

　パーソナリティ障害という言葉は，1980年のAmerican Psychiatric AssociationによるDSM-Ⅲ（『精神疾患の分類と診断の手引き第3版』）においてその概念が明確にされて以来，日本の精神医療の現場でよく使用されるようになった。1994年のDSM-Ⅳにおけるパーソナリティ障害の定義は，「ある種の人格傾向が著しく極端化し，硬直化することで，その社会において不適応となったものである。この人格傾向とは，認知，感情，対人関係機能，衝動の制御についての持続的な偏りであり，社会的障害，個人的な苦痛の大きなものである。こうした人格傾向は青年期または小児期早期より出現し，長時間持続するものであり，これにより他の精神疾患や身体疾患による一時的な性格変化によるものは除外される」となっている。またパーソナリティ障害を次の3群10タイプに分類している。A群（妄想性，分裂病質，分裂病型），B群（反社会性，境界性，演技性，自己愛性），C群（回避性，依存性，強迫性）である。

　パーソナリティ障害とひきこもりの関連については，すでに多くの研究がある。孤立的で人と親密な関係をもてない分裂病質パーソナリティ障害や，不適切感が強く，失敗や拒絶，恥をかくことを恐れて対人接触を避ける回避性パーソナリティ障害が，「非精神病性ひきこもり」「社会的ひきこもり」という現象と結びつけられて論じられている。

　ただ斎藤（2002）がいうように，現在120万人ともいわれるひきこもりの青年たちの多くにそのような障害があるわけではなく，ひきこもった生活から派生する二次的問題によってパーソナリティ障害的な状態が一時的に生じたとしても，そこから離脱すればまた成長のプロセスがはじまるのである。一方，パーソナリティ障害を抱える人たちの「生きてゆきづらさ」というものは，ひきこもりの有無に関係なく，常に彼らの人生とともにあるように思う。

　藤山（2001）は，パーソナリティ障害とはつまるところ「ひととうまくいかない」病理であると述べているが，人間社会においては「ひととうまくいかない」ということは必然的に「生きてゆきづらい」という問題につながる。

　昨今，パーソナリティ障害における素因や体質，気質，生理学的要因の関与

が明らかにされてきている。彼らの生きづらさの核に，そのような生理学的なハンディキャップがあり，そういうハンデを抱えた人が家族や社会の中でいろいろと苦闘しながら，何とか折り合って生きていくためには，ある時期「ひきこもり」という様態をとることはむしろ必要であり，大切なことだと筆者は思う。また，あるタイプの人にとっては「ひきこもる」生活様式が，人間社会で生きていくための唯一の方法である場合もあろう。さらに「ひきこもる」ことができなくなったがゆえに，自他への破壊的行動が生じる場合があることも忘れてはならない。

2──パーソナリティ障害とひきこもり

　ひきこもる生活のなかでようやく安定が得られている人が，人のなかに出て行くときの大変さを，まず筆者の個人的体験をもとに例をあげて紹介したいと思う。

　大学時代，下宿していたアパートで，日中，ぼや騒ぎがあった。一階の部屋から出火したものであったが，煙が二階の筆者の部屋まで上がってくるのとほぼ同時に，大家さんが来て，下宿人全員に外へ避難するよう呼びかけた。しかし，隣室の女性だけは，「だいじょうぶ，私はここにいる」とかたくなに拒んで中から出てこようとしなかった。この女性は，人づきあいがほとんどなく，ひっそりとひきこもった生活をしていた。だれもまともに顔を合わせたことはなかったのだが，大家さんはふだんから気にかけていて，ときどき到来物などを届けて交流があったようである。その大家さんがくり返し危険だからと出てくることをすすめても，結局最後まで，部屋の戸は閉まったままであった。幸いすぐに鎮火したのだが，夜になって皆が帰室したときにも，まだ部屋は煙っていて，きな臭かった。ずっと中にいた隣室の女性はこのような不快や苦痛に耐え，もしかすると生命の危険があったかもしれないにもかかわらず，扉の外の，人のいる場所に出てこなかったのである。

(a) 分裂病型パーソナリティ障害

　分裂病型パーソナリティの人は，世間の人から，しばしば「変人」とか「奇人」といわれ，社会に出て人と交わるときには，どうしてもさまざまなトラブルが生ずるようである。一緒に仕事をする人からは，気が利かないとか，融通

性がない，まわりくどい，妙に細かいことにこだわるなどの不平が出やすい。また，人との距離のとり方が極端で，非常に近づいて密着してくるかと思えば，場面にそぐわない激しい拒絶を示したりする。たいていはひとり孤立している。

このタイプの人を対象にした生理学的研究によると，特に，認知・知覚面における問題が指摘されている。たとえば眼球運動の研究で，彼らの注視点の空間的な広がりが乏しく，時間的なつながりが少なく，目の前の刺激に注意を奪われやすいといった知見が得られている。

認知障害は，当然のことながら現実検討力に支障をきたすし，人との関係にも影響を及ぼす。このような障害によって対人関係に敏感になる面もあるし，また，「変わった子」である彼らは，生い立ちのなかでしばしばいじめや迫害にあっている。人に対する基本的信頼感や安全保障感の乏しい彼らにとって，孤立し，ひきこもることは自らを守る大切な手段である。

(b) 分裂病質パーソナリティ障害

外見上は，人に対して無関心で，よそよそしく，クールな印象を与える人たちであるが，実は彼らほど，その内面の様相がそれとはまったく異なる人もいないのではないかと思う。

精神分析の分野では，古くはフェアバーン（Fairbairn, 1954）が，分裂病質の人は，他者との関係を求めつつも，自分の欲求が相手を傷つけてしまうのではないかという恐れを非常に強く抱いており，彼らのひきこもりはその葛藤に対する防衛であると述べている。

冬の寒い日，2匹のヤマアラシがお互いの体を暖めようとしたけれど，あまり近づくと自分のトゲを相手に刺して傷つけてしまう。かといって離れすぎると寒さで凍えてしまう。お互いを傷つけずに暖まるにはどうしたらよいのか。このヤマアラシ・ジレンマの話は，彼らの心性をよく表していると思う。

もともと親密な関係への意欲が乏しい人たちであるが，仮に親しい関係になりかけると，彼らは，愛する対象を自らの憎しみで破壊してしまう恐れを抱く。また同時に，愛されることによって他者から呑み込まれ，自分がなくなってしまうという恐れも生じる。かくして彼らは孤独でいることを選択し，人とのかかわりを避け，ひきこもることを良しとしてしまう。

(c) 回避性パーソナリティ障害

　元来，内気，人見知りで恥ずかしがりやの人たちにとって，青年期は大変な時代である。子ども時代，よい子で無事に過ごしてきても，彼らの心のどこかには自分は人とうまくやれない，人より劣っているという劣等感や自信のなさが潜んでいる。この自信のなさを補償するために，しばしば彼らは，絶対的な社会の規範や親の教えを支えとして生きている。小学校時代はまじめにそれらに従うことで，人からの評価も得られ安全であるが，思春期の到来とともに危機が訪れる。学友たちが多様な価値観に目覚めるとともに，性的，攻撃的欲動も高まるこの時期，彼らは大きな壁にぶつかるのである。

　回避性パーソナリティ障害の人の最も大きな特徴は，恥の感覚の並々ならぬ強さである。彼らには，人づきあいへの関心の乏しい分裂病質パーソナリティ障害の人と違って，人とうまくつきあいたいという願望がある。しかしその反面，自分が失敗することや，人から批判されたり，拒絶されることを非常に恐れる。そのような状況に自己がさらされるとき，彼らは耐えがたいほどの恥の感覚を体験するようである。彼らのひきこもりは，そういうきわめて苦痛な恥の感情から逃れるために，自己がさらされる対人関係や状況を避けるという意味をもつ。

(d) その他のパーソナリティ障害

　俗にボーダーラインとよばれる境界性パーソナリティ障害や，自己愛性パーソナリティ障害の人たちに子ども時代のことをたずねると，クラスの人気者だったり，生徒会長をつとめていたり，先生からも一目置かれ，明るく活発だったという人が多い。このような人とひきこもりは一見無縁のように思われるが，青年期に入り，さまざまな自己愛の傷つきを体験するなかで，社会から撤退するケースはけっして少なくはない。

　表面上は適応がよいかにみえるボーダーラインの人たちも，その裏に見捨てられ不安を強くもっているので，依存対象を失えば，うつ状態に陥ったり，自らの破壊的・破滅的行動によって適応できなくなり，一時期ひきこもることは避けられないという面もある。

　自己愛性パーソナリティ障害の2つのタイプ，「周囲を気にかけない自己愛的な人」と「過剰に気にかける自己愛的な人」のうち，後者のほうは，傷つき

やすい状況を必死に回避し，時に自分を消してしまいたいと語るほどの強いひきこもりの心性をもっている。

　長期ひきこもりのケースでは，自己愛の病理がからんでいる場合が多いといわれる。外側からみると，彼らは社会や他者からひきこもっているようにみえる。しかし，実際には，彼らには現実の他者というものが存在せず，あるのは「自己」と「世界」だけのように筆者には思われる。その「世界」は肥大した自己の投影から生み出されたものであり，その圧倒的な「世界」の壁に囲まれ，彼らは怯え，恐れ，怒りをもっている。自己の幻影である「世界」の壁の外側に出ることができないということは，現実の他者とふれあうことができずに生きているということであり，それは本当につらい世界であろう。

　若い時代は特に，この壁は厚く，高く，手ごわく感じられると思う。ひとりで対峙するには果てしなく大きすぎる壁である。精神科医やカウンセラーに相談することもひとつの方法と思う。また，筆者の印象では，加齢とともに，おそらく自然に，壁が薄く，低くなってくる部分もあるように思う。人によっては，その時を待って，壁が低くなってから，その人の最も生きやすいやり方で，壁の外側に出ていくという道もあるのではなかろうか。

3　心身症

　ここでは，精神病的な疾病を背景としない「非精神病性ひきこもり」を対象に，「ひきこもり」にともなってあらわれることの少なくない心身症について考えていくことにする。心身症とは，不安，不満，精神的葛藤などが原因となって，主として身体症状を呈するものであり，神経症やうつ病と並んで，いわゆるストレス病の一種とみなすことができる。ストレスフルな現代社会においてけっして少なくはなく，そのような症状を示す人と臨床場面においてよく出会うものである。特に「ひきこもり」をしている彼らが感じている，挫折感，劣等感，焦燥感，引け目などは周囲が考えている以上のものであり，そのようなストレスが身体症状としてあらわれていることは容易に想像できる。

　以下，心身症とはどのような病気であるかを説明し，ひきこもりと心身症に

ついて考えていきたい。

❶──心身症の概念と定義

　日本心身医学会（教育研修委員会）では1991年に「心身医学の新しい診療指針」を作成し，そのなかで，「心身症とは身体疾患のなかで，その発症や経過に社会心理的因子が密接に関与し，器質的ないし機能的障害が認められる病態をいう。ただし神経症やうつ病など，他の精神障害に伴う身体症状は除外する」と定義している。心身症は気管支喘息や胃・十二指腸潰瘍などといった内臓の構造の（器質的）異常を示す場合と，過敏性腸症候群や片頭痛などといった機能的異常を示す場合の2つに大別される。また，ライフサイクルからみても思春期・青年期においては機能的な異常を示す頻度が高く，成人期以降においては器質的な異常を示す頻度が高くなる傾向にある。上記の定義とともに，「心身医学的配慮がとくに必要な疾患・病態（心身症）」として多くの病名が示されている（表2-5）。もっともここにあげた疾患や病名がすべて心身症というわけではなく，心身症としての配慮が必要であることを意味している。たとえば，本態性高血圧症は心身症の場合もあるが，そうでない場合もある。したがってその症状の背景に，学会が定義する「社会心理的因子」が存在するか否かということが重要である。

表2-5　心身医学的配慮がとくに必要な疾患・病態（心身症）
（日本心身医学会教育研修委員会，1991から一部抜粋）

1．呼吸器系：気管支喘息，過換気症候群，神経性咳嗽
2．循環器系：本態性高血圧症，本態性低血圧症
　　　　　　冠動脈疾患（狭心症，心筋梗塞），一部の不整脈
3．消化器系：胃・十二指腸潰瘍，慢性胃炎，過敏性腸症候群
　　　　　　心因性嘔吐，発作性非ガス性腹部膨満症
4．内分泌・代謝系：神経性食欲不振症，（神経性）過食症，心因性多飲症
5．神経・筋肉系：筋収縮性頭痛，片頭痛，書痙，眼瞼痙攣，自律神経失調症
6．皮膚科領域：慢性蕁麻疹，アトピー性皮膚炎，円形脱毛症，多汗症

❷──「社会心理的因子」による身体の変化

　「社会心理的因子」すなわち個人とそれをとりまく社会環境との相乗作用によって生じる情動ストレスが，どのように身体に影響し，またそれが身体症状をどのように悪化させるのだろうか。

たとえば，私たちが想像以上に怖いものに遭遇し不安な状況下に置かれた時に，心臓の拍動が促進され，顔面の毛細血管が収縮（蒼白）し，呼吸運動が促進され，立毛筋が収縮（鳥肌）する。さらに粘液性のだ液の分泌，瞳孔の拡大，掌（てのひら）に汗がにじむなどといったことを経験する。これらはすべて情動ストレスによる身体の変化である。呼吸運動を促進することで多くの酸素を肺に取り入れ，その酸素を血液に溶かし末端の組織に送るために心臓の拍動が促進されるのである。末端の組織に運ばれた酸素はグルコース（ブドウ糖）を酸化分解するために使われ，その結果大量の化学エネルギーが作り出される。そのエネルギーは，熱エネルギーや運動エネルギーなどに変換され，不安な状況に対応するためにそのエネルギーが使用されるのである。また瞳孔を拡大することで相手の情報をより多く視覚的に得ようとする。さらに，掌に汗がにじむのも同様で，物を持ったり足が滑らないようにするためと考えられている。

その刺激（怖い光景）をまず受容器，この場合は視覚器である眼で受容する。それを大脳で認知し，またそこで怖いもの，危険なものといった感情の変化が生じる。その情報が間脳の視床下部（ししょうかぶ）にある自律神経系の中枢を刺激し，身体の各部にはたらきかけるのである（図2-3）。

受容器 → 大脳 → 間脳 → 自律神経系 → 身体の各部

図2-3　心身症を生じさせる刺激の連鎖

この自律神経系は内分泌系，免疫系とともに，身体の内部環境を一定に保つ，すなわち恒常性の維持に重要な役割を果たしている。自律神経系は交感神経と副交感神経からなり，前述した身体の変化は交感神経のはたらきによるものである。交感神経だけが常にはたらいているわけではなく，身体を落ち着いたもとの状態に戻すために，一方の副交感神経があり，交感神経と拮抗（きっこう）的にはたらいている（表2-6）。

内分泌系はホルモンの分泌をつかさどり，副腎髄質からアドレナリンが，副腎皮質から糖質コルチコイド，甲状腺からチロキシン，すい臓からグルカゴンといった血糖値を上げ，代謝を促進するホルモンが分泌され，不安な状況下に

表2-6 自律神経系のはたらき

組織・器官		交感神経	副交感神経
目	瞳孔	拡大	収縮
皮膚	汗腺	促進	―
	立毛筋	収縮（鳥肌）	―
循環	心臓拍動	促進	抑制
	毛細血管	収縮	
	血圧	上昇	低下
呼吸	呼吸運動	速く・浅く	遅く・深く
	気管・気管支	拡張	収縮
消化	だ液腺（分泌）	粘液性	しょう液性
	消化管の運動	抑制	促進
内分泌	すい臓	グルカゴン分泌	インスリン分泌
	副腎髄質	アドレナリン分泌	―

おいて身体がうまく対応できるようになっている。

　免疫系は，非自己であるウィルス，細菌類，菌類，異種タンパク質といったものから身体を守るはたらきがある。この免疫系のはたらきも情動ストレスによって影響を受けることが知られている。

　周囲からの情動ストレスだけでなく，気温の変化や運動にともなう発熱，浸透圧の変化，体内の二酸化炭素濃度の変化といった刺激に対しても，常に自律神経系や内分泌系が関与し，恒常性を維持している。適度な刺激であるならば心身にとって害を及ぼすものではない。しかし，その刺激が強すぎ，また長期間続くと恒常性を維持することに無理が生じ，自律神経系や内分泌系，そして免疫系の失調から心身症の状態をつくりだすと考えられている。

3──ライフスタイル・生活習慣からみた心身症

　心身症の発症機序を考える場合，同じような社会環境，たとえば同じ職場で同じような情動ストレスを受けて胃・十二指腸潰瘍を発症する人もいれば，そうでない人もいる。そこには個人のパーソナリティや不適切・不規則な食習慣，過度の喫煙，アルコール依存，過労，睡眠不足，運動不足などといったライフスタイル・生活習慣のゆがみなどが関係している。そのようないろいろな要因が絡み合って心身症は発症する。その発症機序をまとめたものが図2-4である。

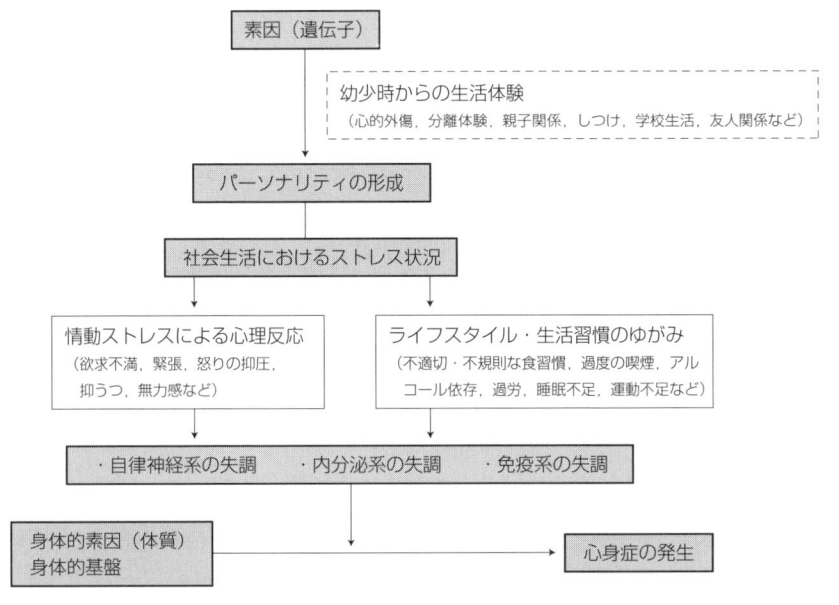

図2-4　心身症の発症機序（上里ら，1989を一部改変）

第3章で心身症への対応について述べるが，この図を見てもわかるように，心身症は身体症状だけに焦点を当てればよいのではなく，その背後にある個人をとりまく環境や個人内的要因も考慮しなければならない。すなわち心身両面から総合的・統合的に病状を捉える必要があり，その対応も医学的・心理学的な側面からアプローチしていく必要がある。

4 ──「ひきこもり」と心身症

ひきこもりにともなう無気力や抑うつ症状，また対人恐怖などの症状に限らず，ほとんどのひきこもりの事例には「不眠」や「昼夜逆転」といった状態像がみられる。そこには生理的な理由と心理的な理由の2つが存在し，それらが絡み合っていると斎藤（1998）は指摘している。

生理的な理由では，通常人間は，昼間活動している時，すなわち緊張している時は交感神経が優位にはたらき，異化作用を促進して活動するためのエネルギーを作り出している。一方，副交感神経は睡眠中や休憩している時，すなわ

ちリラックスしている時に優位にはたらき，同化作用を促進して身体にエネルギーを貯めている。しかし，ひきこもっている青少年は一日を通して緊張—リラックスといっためりはりがあまりなく，そのため自律神経系の失調をきたす。さらに，私たちの身体には24時間に近い概日リズムがあり，その概日リズムを生む生物時計を維持するためには太陽光が必要である。しかし，ひきこもった青少年の生活は，当然ながら光にあたる機会も少なく，概日リズムの維持がしにくいと考えられる。

心理的な理由としては，ひきこもりをする彼らは自分の置かれている状況に強い挫折感，劣等感，焦燥感，引け目などを抱き続けている。そのような思いを抱いている青少年にとってまわりが活動している昼間は，他者からの目が気になるばかりでなく，その時間帯に起きて無為な生活をしていること自体に耐えられずに，結果的にその時間帯を避けるように生活しているわけである。このように自律神経系の失調や生活の不規則，情動ストレスによって「不眠」「昼夜逆転」といった症状があらわれてくると考えられる。またこれらの症状以外にも，表2-5で示したさまざまな心身症の諸症状があげられる。

心身症は図2-4で示したように，情動ストレスによる心理反応やライフスタイル・生活習慣のゆがみなどにより，自律神経系の失調，内分泌系の失調そして免疫系の失調を生じ，その結果いろいろな疾患としてあらわれると考えられる。ひきこもりと心身症を理解し，その対応を考えていく時には，心身両面から総合的・統合的に病状を捉える必要がある。

4 対人恐怖

思春期・青年期は，小学校の高学年からはじまる。胸が少しずつふくらんだり声が変わったり，自分の身体ながらどうなるのかと戸惑ったり不安になる。女子の胸のふくらみにしても笑って話せる子や自慢する子もいるが，ひとりで気に病む子もいる。自分が気に病むと，友だちの胸にも自然に目がいく。すると相手も気づいてこちらを見る。そして相手から自分が見られていると思い，ますます緊張してしまう。自分の胸がふくらまないのを気にしている生徒なら，

胸が小さいとばかにしているに違いない，軽蔑しているに違いない，他の女の子と陰口(かげぐち)を言い合っているかもしれないと，不安や恐怖はひとりでにふくらんでいくのである。

　この時期は，自分が，自分の顔や身体が，周囲からどう見られどう評価されているか気になる時期である。清水（1996）によると，問題の発現は中高生の年頃が圧倒的に多いという。中学生の場合は，自分でもはっきり自覚できにくいか，また言葉にして伝えきれないでいるが，高校生になると自分でなんとかしなくてはという思いが強くなるようである。

　そして，人の目が気になる，人が怖いということがきっかけでひきこもってしまう子もいる。それは，単に友人関係のささいな誤解から生まれることもある。たとえば，自分の知られたくない秘密を友だちがばらしてしまったと勘違いしたとする。クラスのみんながそれを知っていると思ったら，生きた心地がせずクラスの人のことがとても気になるに違いない。それが誤解だとわかったら安堵して，元通りになる。「その程度のことで」と大人なら考えるかもしれないが，これがきっかけで自分の部屋や家にひきこもってしまう子どももいる。また，「人が怖い」といっているのは氷山の一角で，もっと深刻で自己の存在自体を揺り動かすような恐怖感や不安感に圧倒されている子もいる。それはパーソナリティ障害の項で述べられている。

　ここでは，人が怖い・人の目が気になるという葛藤がありながらも，その葛藤を抱え続け，崩れていかない自我の強さをもち，「基本的信頼感」の育っている青少年たちを取り上げてみたい。はじめに紹介するのは大学生男子の事例，第2は中学生，第3は高校生の事例である。筆者がかかわった多くの生徒の事例をもとに，その心理力動的理解を妨げない範囲で，虚実混ぜながら創作したものであることをお断わりしておきたい。

1──1年間のひきこもりから自力で抜け出した英男さん（仮名）の場合

　英男さんは大学3年生で，大学の心理学の先生にカウンセリングを勧められて来談した。ちょっと細めの体で視線はあまり合わせず，うつむきがちで，みるからにシャイなそぶりをしている青年であった。話をしていても，少し気持ちにふれた質問をするとみるみる顔が赤くなってしまう。彼が言うには，自分

は人と話すことが苦手で,「自分の話などおもしろくないだろう」と思ってしまう。それに「自分が何か言って相手を傷つけたらいけない」と思うと何もしゃべれなくなるし,人に会うのも恐くなるという。それを克服しようとしてアルバイトをはじめたり,ボランティア・グループにも参加しはじめたばかりの時だった。

カウンセリングにくるきっかけは,授業で児童虐待や不登校の話を聞くと,自分でもおかしいと思うほど,怒りやら悔しさやらが込み上げてきたことであった。これは何とかしなくてはと先生に相談したらしい。そして実はその後1年ほどまったく大学にも行かず,アパートにひきこもっていたという。何のために授業を受けるのか,自分は何をしたいのか,将来どうするのかさっぱりわからなかったとのこと。ひきこもりからどうして出てくる気になったのかと筆者が問うと,下宿まで訪ねてきてくれたゼミの先生の「とにかく挑戦してぶつかってみたら何かが見えてくるよ」という言葉に動かされたからだと言う。

彼は心理学の授業の時,えも言われぬ衝動を感じ,コントロールできないほどの恐れを抱いた。筆者が「その感じと似たような体験は？」と聞くと,語りはじめたのは父親のことだった。父親は彼が小学生の頃家を出て行った。つまり彼は父親に捨てられたと思ってはいるものの,その時の気持ちや父親に対する怒りや許せない気持ちなどを自分ではあまり意識したくないようだった。その気持ちに直面し,自覚し,抱えていくことは,つらいことであったに違いない。

彼は大学を卒業して,社会に出ていくにあたって,これまで考えないよう,ふれないように避けていた父親との関係に直面せざるを得なくなった。母親は専業主婦だったので,彼は社会に出て自立していくモデルが身近にいなかったことになる。父親との葛藤を抱えたままで社会に出ていくエネルギーは生まれてこなかった。最終的に彼は,勇気を奮い起こし将来のことについて父親と相談するために会って話をした。彼は父親に対する怒りも,そして頼りにしたい気持ちも自分でしっかり受けとめられるようになった。

彼はひきこもっていた時のことをあまり語らなかった。しかし彼がこのような時を悶々として過ごし,自分でなんとか抜け出ようとする意欲があったからこそ,大学の先生の訪問を受け入れたのだと思う。彼は人に嫌われるかもしれ

ない恐怖や自分が傷つけてしまうかもしれない恐怖などで，人と会うのがつらかった。その恐怖の奥には，もっと大事なことで彼が直面しなくてはならない父親との問題があった。人が怖いというのは，父親との問題を何とかしなくてはいけないというメッセージだったのだと考えられる。

2──中学１年生の奈緒さん（仮名）の場合

　中学１年生の奈緒さんは，中学に入って，今までは気にならなかった顔のあざが気になりはじめた。自分の顔のあざに視線が集まっている気がする。仲よしの３人組でいる時は気にならないし，町に出た時も気にならない。ただクラスのほかの生徒が気になる。ところが，ある日ほかのグループの子から「あのふたりを町で見かけたよ」と聞いて不安を感じていた。そしてその不安が的中してしまった。家庭科教室に行く時に，いつのまにかふたりがいなくなっていて先に行ったようだった。それはかなりショックだった。ふたりが自分を仲間はずれにしているのは確実になった。他の生徒たちがそれぞれグループでキャッキャと言いながらにぎやかに家庭科教室に移動している時，自分は一番うしろをひとりでとぼとぼ歩いていった。恥ずかしかった。みんなに「あの子，友だちいないのよ，ひとりよ」とさげすんで見られている気がした。

　翌日奈緒さんは，学校に行けなくなった。母親は，はじめは大目に見てくれていた。しかし欠席が４日過ぎる頃から，もしかして学校で何かあったのかとだんだん心配しはじめた。担任の先生も電話で，「何かあったのか」と聞いてきた。そして先生が仲よしのふたりを呼び出して，何か心当たりはないかと尋ねたということもわかった。自分が休んでも，仲よしグループのふたりは家に電話をかけてきて，何もなかったような感じでおしゃべりする。そして「早く学校に出ておいでよ」「なんで来ないの」などと聞いてくる。それから奈緒さんは人が信じられなくなった。自分の顔のあざもとても醜いものに思えた。こんな顔では将来だれも友だちになりたがらないし，ボーイフレンドもできないだろう。家にひとりきりでいると，家族にも迷惑をかけているような気がして，自分なんていないほうがいいのではないかと思えてくる。自分がまるでごみを入れる黒いビニール袋で，空中にふわふわ浮いているような感じだと表現した。

近所の店に行くと，みんなから「なんでこんな時間に家にいるんだ，さぼりか」とみられているような気がして，出かけるのが怖い。通り道で昔の同級生を見つけた時も，緊張して回れ右をしてしまった。

しかし，奈緒さんは実は漫画が大好きで，自分でいろんなキャラクターをつくってストーリーも書く。それに漫画は家族にも好評だ。学校に行かなくなって描いた枚数もかなりたまってきた。ただ，そんなことをしているのは，友だちには言えない。そうして数か月奈緒さんのひきこもりは続いた。時に漫画に熱中しすぎて朝起きるのが遅くなると，「将来どうするのか，このまま学校に行かないのか」と母親の嘆きと小言が続いてしまう。

そして，ある日「ふれあい教室」という所に行ってみることになった。もともと明るくて元気な子とみられていた奈緒さんである。ちょっと久しぶりで緊張した。ふれあい教室は，不登校の子が行くところと聞いていたが，想像していたような暗い人ばかりがいる所ではなかった。奈緒さんは英語が好きだが，若い女の先生は英語が専門だった。話が弾んだ。今度から英会話もしようということになった。ふれあい教室には，漫画が掲示板に貼ってあって，自分と同じ漫画が好きな女の子がいた。その子と話がもりあがった。ちょっと勇気を出して行ってみたけどよかった。

こうして，奈緒さんのひきこもりは終わりを告げた。

3──高校1年生の香さん（仮名）の場合

香さんは，高校1年生。先生には見つからない程度に髪に茶色を入れている。スカートも短くして口にはリップも塗っていて，目の大きな可愛いいおしゃれな子だ。同じ中学から入学して来た子はいなくて自分ひとりだったので，入学当初は少し不安でもあった。しかし，入学式の時自分の前に並んでいた良子さんが話しかけてきてくれた。自然に良子さんと，彼女と中学が同じだった2人を含めて，4人のグループになった。昼休憩の時も一緒で，下校の時もバス停まで一緒だった。はじめはだいぶ気を使っていた。良子さんと1対1の時はよかった。しかし4人で一緒だと，なぜか自分から話しかけることができない。聞いているだけの自分。話そうと思うけど，みんなのテンポは速くてついていけない，話しかけるタイミングがどうしてもつかめない。はじめはそれでもよ

かった。けれども近頃，良子さん以外のふたりが「香はなんでしゃべらないの」などと言ってくる。話そうと思うと，胸がどきどきしてくる。自分の話なんて退屈でおもしろくないに違いない，「ばっかじゃない」と笑われたらどうしよう。それを考えているだけで，グループにいるあいだじゅう緊張が続くのだった。

　それでクラスにいるのがつらくて耐えきれず，とうとう保健室に行った。保健室の先生とも話して，しばらくクラスには行かず保健室にいてもいいことになった。保健室の先生とは楽に話せる。良子さんが保健室に来てくれた時も楽に話せたし，楽しかった。しかし他の人が話に入ってくると，どきどきしはじめる。こんな自分をなんとかしたいとは思うものの，どうしていいかわからない。そんな日が続いた。そして，とうとうこれ以上授業を欠席したら単位がとれなくて，進級も難しい事態になった。そこで保健室の先生とも相談して決心をし，自分の好きな授業から出ることにした。保健室の先生のアドバイスどおり，まずあいさつだけはしようと決めた。そして，無理に自分から話しかける努力をせずに，いるだけでいい，笑顔が見せられればなおいいと思うことにした。これも保健室の先生のアドバイスである。そして，初日。うまくいった。それに良子さんも話しかけてきてくれた。保健室の先生に報告に行ったら喜んでくれて「だから，言ったでしょ」と明るく笑われた。

5　不登校

1──不登校の類型

　不登校は，日本では1960年前後から問題とされはじめ，当初は"学校嫌い""学校恐怖症"とよばれていた。その後"登校拒否"という名称が広く使われたが，さまざまなタイプが混在し，1つの名称ではくくれなくなったことや，本人に積極的に学校を拒否する気持ちがないケースが多いことなどを理由に，"拒否"という否定語ではなく"不登校"という呼び名が使われるようになった。呼称の変化とも連動して，不登校の状態像は変貌し続けているが，その数は一向に減る兆しを見せず，平成14年度の文部科学省の学校基本調査では，13万9千人（年間30日以上の欠席児童生徒）を突破したと報告されている。

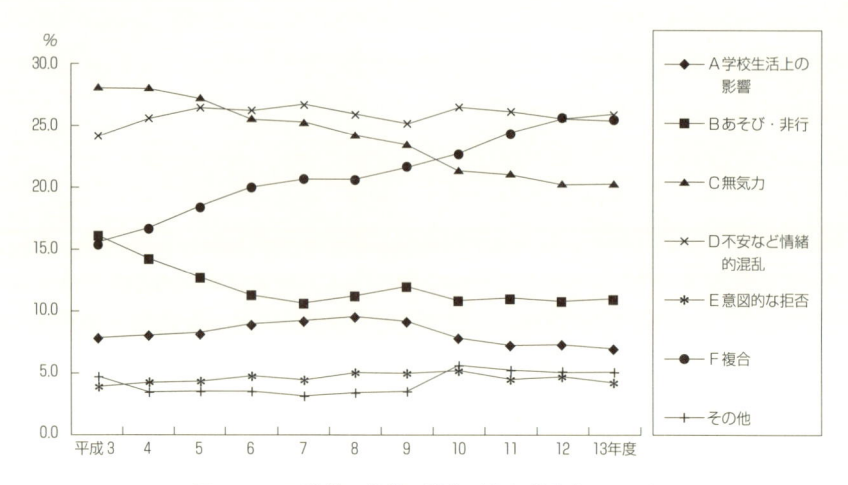

第2章 ■ひきこもる青少年の実態とその内容

図2-5 不登校の態様の推移（文部科学省，2002）

　しかしその数の増加とともに注目されるのが，状態像の多様化である。不登校が問題になりはじめた当初は，精神医学的な観点から治療対象になることが多かったため，神経症的不登校が議論の中核とされていた。しかし，文部科学省のデータ（図2-5）によると，近年，不登校そのものの多様化が進み，「複合型」といわれるタイプが増えている。この「複合型」には，いろいろな状態像を併せ持つタイプや，さまざまな要素を含むため1つのタイプに分類不能というものが含まれる。このように，不登校が多様化しているという現状には，タイプの複合化，タイプ間のボーダレス化，タイプ論そのものの形骸化，などいろいろな問題点が考えられる。学校と家庭では違った特徴がみられるケース，また時間の経過とともに見立てを修正すべきケースもあり，タイプの特定は容易ではない。

2──不登校の経過と段階

　タイプにより違いはあるが，不登校のはじまりから回復に至るまでには，いくつかの段階を経ることが指摘されている。ここでは「苦悩・葛藤期」「無気力・固定期」「挑戦期」という3段階のプロセスとして検討してみる。
　まず最初の「苦悩・葛藤期」は，不登校開始から3か月〜半年くらい（この

長さには個人差がある）の時期にあたる。この時期、登校刺激（教師や友人の訪問など）に対しては、イライラや抑うつ的な反応（不安・焦り・強迫などの精神的反応）を呈し、腹痛・頭痛・不眠などの身体症状も出てくる。それと同時に、いつも母親と一緒にいたがったり添い寝を要求するなどの退行的行動がみられることもある。第2の「無気力・固定期」は、数か月から数年に及ぶことがある。第1期の葛藤による心身の疲れから無気力に陥ることもあるが、葛藤や苦悩が背景に退き、（本人の内的な焦りや苦しみとは逆に）表面的には無気力で怠惰な生活をしているようにみえることが多い。昼夜逆転や意欲の低下という逃避的な生活態度が目につき、それを見かねた保護者の働きかけに対しては回避したり暴力をふるったりということもある。特に母親には甘えと攻撃性を出すことが多い。第3の「挑戦期」への移行は緩やかに進行していく。家の手伝いや学習などに自発的に取り組みだすかと思うと、登校刺激に対して急に落ち込んだり焦ったりという混乱を示す不安定な時期である。保健室登校などにもチャレンジしはじめるが、久しぶりの登校は相当にエネルギーを消耗するため容易に続かない。そういう波を乗り越えて、継続しながら登校段階に到達すれば、不登校は克服されたと判断される。

　以上のように、ひきこもりの多くは不登校の中盤にあらわれる。社会（特に人）との接触を絶ち、無気力に無為な時間を過ごしているかにみえる時期である。ただしひきこもり像も多様である。第1期の葛藤を抱えたままひきこもりを続けるタイプ（葛藤中タイプ）もあれば、葛藤期を過ぎた後に無気力なひきこもり状態が訪れるという場合（葛藤後タイプ）もある。また最近では、明確な葛藤期を経ないままひきこもり状態に入るケース（未葛藤タイプ）もある。これらのうち葛藤をともなう2タイプについては、ある程度長期にわたったとしても徐々に挑戦期へと脱していくことが期待される（その回復への道のりは、個々のケースによりさまざまであるが）。一方、未葛藤タイプについては、変化のきっかけがつかめない場合、同じ状態を長期に続けることもある。

3——成長に必要な危機という見方

　ここでひきこもりの意味について考えてみたい。カウンセリング現場においては、不登校の苦悩に"成長に必要な危機"を読み取ろうというアプローチを

取ることがよくある。そのひとつが第1章においても述べた山中（1979）の「思春期内閉論」である。これは「外的には社会的自我の未成熟とされる消極面を持ちつつも、内的には〈退行〉、しかもそれは次なる〈新生〉をもたらすための〈蛹（さなぎ）の時期〉とでもいうべき積極面を併せ持っている」とみなす、いわばマイナスにプラスを読み取る視点である。そして、内閉を「できる限り保障し、彼らの話に耳を傾け、しっかりと患者の〈内的な旅〉の同行者としてつきあい、ひたすら彼らの〈内的成熟〉を待つ」という姿勢が、治療の基本線として提起された。実際、不登校の治療過程を通してアイデンティティを探求したり、自我発達のプロセスが展開されるケースも少なくない。

　このように、不登校の子どもに接する際には、思春期特有ともいえる"犠牲や後退をともないながらの前進"という矛盾をはらんだ成長イメージをもつことが重要となる。行きつ戻りつしながら、気がついたら少しずつ前進していたという「薄皮をはぐような」歩みであるが、そこには必ず変化や成長があるという、希望をもった見方である。しかしそれと同時に、その揺れがはらむ両面性を引き受ける覚悟も必要だろう。学校に行かないことで本人やまわりの家族が受けるダメージは相当なものであり、不登校そのものに意味が見いだされるのは、症状が改善されその苦しみを過去のこととして振り返ることができるようになってからである。しかもそこには、学習の遅れや友人関係からの一時退却というリスクをともなうことも多い。安易な成長期待や根拠のない楽観主義で、不登校への対応を誤らないようにしたいものである。思春期という成長途上で立ち止まる子どもたちに対面するときは、前途に希望を抱きながらも、目の前の現実から目をそらさない、そういう"明るい厳しさ"が大切となる。

4── 葛藤なき不登校の場合

　神経症的不登校に代表される"行きたいけれど行けない"というジレンマがなく、ひきこもりのように抑うつ的な特徴をもたず、一見軽症化したかにみえる不登校が増えているという。まわりからは「怠学」「無気力」に分類される不登校である。「ひきこもり現象は、子ども自身が自分の生き方を模索し、内的な強さを獲得するために必要な『蛹』の時期である」という視点から考えると、葛藤に直面することで成長が促進されるという見方も可能である。つまり、

この葛藤なき不登校では、葛藤にぶつからない分、現状を打破しようという変化や成長へのきっかけが乏しいことも予想される。しかし、一見葛藤がないようにみえても、じっくりカウンセリングを続けるなかで悩むための時間と言葉が与えられれば、実存的な深いテーマが語り出されることもある。表面の"明るい仮面"の裏に、実は、血みどろの素顔が隠されていることもあるので、仮面を引き剥がすときは慎重に時間をかけることが必要となる。

5──ひきこもり状態が表現しているもの

不登校の子どもたちの面接をしていると、「学校に行けない・行かない」という状態からさまざまな意味が読み取れることが多い。その中身は多様で、それが意味するところも多岐にわたる。以下、ひきこもりという状態に込められた子どもたちの思いをたどってみたい。

(a) 家族の問題を代弁している不登校

相談に訪れるのは学校に行けない子ども本人だが、面接が進んでくるとその背景に家族関係のゆがみや家庭の問題が浮上してくることが多い。両親の不和から父親のリストラ問題まで、子どもたちは親の世代や家庭の歴史を背負っている。本人が不登校という状態に向き合って自分自身を考えはじめると、それまで停滞していた家族内の空気が流れはじめることもある。たとえば、それまでほとんど家庭内別居状態だった両親が、子どもの将来をめぐって向き合わざるを得なくなったというケース。あるいは、子どもが不登校になったのをきっかけに、それまで仕事人間だった父親が、自分の人生を見直し、生き方そのものを変えることになったというケースなど、子どもが不登校になることで家族の力動が崩れ、あるべき方向に転換する契機をつくったと思われるケースも少なくない。

(b) 社会や学校の問題に無言で抗議している不登校

本人との面接が深まってくると、その不登校の背景に社会や学校の問題が見え隠れすることもある。学級内でのいじめの存在や、それをめぐっての教師への不信感が語られることもある。その子をめぐる状況が見えてくると、「こんなひどい状況では、むしろ学校に行けないほうが正常な状態なのかもしれない……」と感じることも少なからずある。何も言わずに社会との接点を絶ち不登校

を続ける子どもたちは，ある意味では，ひきこもりというかたちで"怒り，恨み，諦(あきら)め，無力感，悲しみなど"という思いを訴えているともいえるのである。

(c) 身体言語という表現

ひきこもった状態の子どもたちにみられる症状のひとつに，頭痛・腹痛・吐き気という身体症状がある。これは，自分のストレスや悩みを言葉で表現できないときにとられる代替手段である。言葉をもたない乳児が下痢や発熱というかたちでSOSサインを出すように，不登校の子どもたちも自分の身体を痛めつける形でSOSを発信している。症状という表現の裏に隠された本当の心を正しく理解する姿勢が求められるゆえんである。

(d) 昼夜逆転という隠れ蓑(みの)

ひきこもっている子どもたちのなかには，昼夜逆転もよくみられる。テレビやゲームなどで遅くまで夜更(よふ)かしし，その影響で昼過ぎまで起きられないという悪循環に対し，なんとか生活リズムを整えるように厳しく対応しようとする家庭も多い。しかし，不登校の子どもたちにとって登校するべき朝の時間は"地獄"であり，目が覚めたままで迎えるにはあまりにつらい時間でもある。「起きられない」という状態を隠れ蓑にして，そのつらさが過ぎるのを待っているとも読み取れる。「サボっている」「だらしがない」と一喝(いっかつ)するのではなく，昼夜逆転せざるを得ない子どもたちの苦しみに目を向ける必要がある。

6──不登校の背景にある社会の風潮

以上見てきたように，現在の不登校は増加と多様化という特徴を抱えているが，その背景のひとつに学校そのものがもつ価値観の変化（"学校に行かない生き方もある"という見方）を指摘する声もある。また，"個の自由"が尊重され個別化したさまざまな生き方を最大限に認めようという現代社会の風潮も影響しているだろう。さらには，それを支援する形で"第2の学校"的な居場所の確保（適応指導教室やフリースクール，サポート校などの増加）が政策的にも推奨されている。現代の不登校は，これら社会の動き（価値観の変化や行政的施策）と相互作用しながら変貌していることにも注目すべきであろう。

他方，多くの情報が氾濫し，「ひとりになりにくい現代情報化社会」の風潮も影響しているものと思われる。思春期から青年期にかけては「自我の発見」「自

己確立」ということが発達のテーマとされる。人とのかかわりのなかで社会性や対人関係能力を伸張させると同時に，人に左右されない自分独自の価値観や生き方を確立すべき時期でもある。氾濫する情報の波から身を守り，自分の感覚や考えを醸成するために，時には自分の世界に籠城することも必要である。ひきこもり型不登校のなかには，苦しみもがきながら自分探しをしている場合も少なくない。ひきこもりという状態を困ったこととして憂える前に，それを通して聞こえる声に耳をすませることが，われわれ大人に求められている。

Column ④ 「オタク」とひきこもり

　「オタク」と「ひきこもり」を結びつけるものはいったい何であろうか。それは，1989年に起きた連続幼女誘拐殺人事件の容疑者の自室に関する報道ではなかろうか。大量のビデオや雑誌が散乱した薄暗い部屋にひきこもって，残虐な行為を行う。その報道から，「オタク」については部屋の中にひきこもる危ない人や犯罪予備軍といったマイナスのイメージが一挙に広がったのである。このイメージによって，「オタク＝ひきこもる者（ひきこもり）」として浸透していると思われる。しかし，本当にこの2つは結びつくものであろうか。

　「オタク」という語は，1983年に評論家中森明夫によって命名されたという説が定説になっており（岡田，1997；中森，2000），1980年代の高度消費社会の産物として同じ価値観をもつ人どうしの「場」ができたことにより発生したといわれている（別冊宝島編集部，2000）。その後，「オタク」は1989年の事件によって社会から差別感を植えつけられた（岡田，1997）。しかし1990年代に入り，日本のアニメなどの世界中での大ヒットにより「オタク」が海外に浸透し，その海外での高い評価が1996年に日本に紹介されたことにより，「オタク」という言葉はマイナスの意味合いばかりでなくなっている（岡田，1997）。

　「ひきこもり」という語が，1990年代中頃に近藤・塩倉（1997）により「社会的ひきこもり」として登場したことを考えると，「オタク」という語と「ひきこもり」という語が登場した時期は10年くらいずれている。「ひきこもり」が社会的に注目されはじめたのは，「オタク」が，内外に浸透，展開している時期であった（岡田，1997）。「オタク」と「ひきこもり」の変遷を追ってみると結びつかない事柄のほうが多いのである。

　それでは，なぜ依然として「オタク」はひきこもる犯罪予備軍であるというマイナスのイメージがぬぐえないのか。報道された連続幼女誘拐殺人事件の容疑者の部屋が衝撃的であったこと，さらに2000年の新潟の女性監禁事件などのひきこもりに絡んだ事件が重なり，「オタク＝ひきこもる者＝犯罪予備軍」という図式が広まっているのではないか。岡田（1997）が，最近の「オタク」は「オタク文化」を形成しているというが，それは「オタク」以外の人々には浸透していない。「オタク」に対するバッシングについてはさまざまな見解がある（竹内，1995；高橋，2000）が，理解しにくい対象に対する不安がそのまま「オタク」へのバッシングになっているのではなかろうか。

Column ⑤ 過食症とひきこもり

　過食症は、神経性大食症またはブリミアともよばれ、拒食症（神経性食思不振症またはアノレキシア）とならんで青年期の女子に多い摂食障害のひとつである。大量の食べ物を短時間につめこむように食べた後で、太ることを恐れ、自分自身で嘔吐したり下剤を飲んだりして食べたものを身体から除去しようとすることがおもな症状である。「過食」は「むちゃ食い」とよばれることもあるが、一般的な大食い、食べ過ぎというものではなく、通常では考えられないほどの量の食べ物を流し込むように次から次へと食べる状態をさす。過食症は、拒食症と同じく「食行動」の病理であるとともに、自我の弱さや自尊心の低さといったパーソナリティの側面においても問題が指摘されている。さらに、過食・大食に続くパージング（代償行為）が嗜癖的であるとの指摘もある。

　すべての過食症患者がひきこもるわけではなく、日中は学生や社会人としての生活を営みながら、深夜あるいは休日などに過食と嘔吐や下剤の濫用を行っている者が多い。友人と一緒のときは一応普通に食事ができるものの、ひとりの時にいったん食べはじめると自分では制止がきかなくなり、部屋にあるものをすべて食べ尽くして嘔吐するかまたは下剤を飲む、というのが一般的なパターンのようである。ある過食症の大学生は、食べはじめると「意識がとび」、必ず「最後」まで、つまり嘔吐か下剤の使用までいってしまう、と話した。「過食がはじまってから電話がかかってきたり人が来たりすると困る」とは過食症の患者たちがよく語ることである。「意識がとぶ」状態というのは、一種のトランス、すなわち変性意識状態のようになっていることを表しており、「最後までいってしまう」という表現は、行動を自己制御することができず、食べるものがなくなる、苦しくなって眠ってしまう、などの外的な制約によって終了しない限り、過食から嘔吐または下剤の使用まで途中でやめることが困難であることを表している。

　このように、過食とそれに続くパージング行為はひとりで行われることが多く、その最中は、ひきこもりの様相を呈しているといえよう。また、1日に数回過食と嘔吐をくり返しているような場合は、実際にひきこもりのような状態となり、学生や社会人としての役割にも支障をきたすであろう。ひとり暮らしの大学生などの場合では、授業を欠席しがちであったり、過食によって体重が増えたためにでかけることが億劫になったりする結果として、自宅にこもりがちになることもある。さらに、抑うつやアルコール依存も併発している過食症患者の場合は、専門機関の受診が遅れる可能性もあり、治療にはいっそう注意が必要である。

Column ⑥ 新潟女性監禁事件

　1990年11月13日、新潟県三条市で、当時小学校4年生のAさんが下校途中行方不明となった。新潟県警は「女子小学生所在不明事案対策本部」を設置し捜索を続けたが、有力な手がかりを得ることはできず、時間だけが過ぎていった。ところが、事件発生から9年2か月後の2000年1月28日、同県柏崎市に住む男性S（事件発覚当時38歳、無職）の部屋でAさんが偶然保護され、Sによる監禁が発覚した。行方不明となった時9歳であったAさんは、発見時すでに19歳となっていた。

　Sは、帰宅途中のAさんをナイフで脅し、車のトランクに押し込んで自宅へ連れ帰った後、長期間にわたって監禁し続けた。監禁中Sは、Aさんに対して「この部屋からは出られないぞ」「誘拐されて殺されちゃった女の子のようにお前もなってみたいか」などと脅迫し、殴る、蹴る、スタンガンを押しつけるといった激しい暴力をふるった。また、食事や衣服を満足に与えず、シャワーも浴びさせず、部屋にあるベッドから降りることすら禁止するといったような虐待を行っていた。

　Aさんの監禁期間中、S宅には母親が同居していた。しかし、Sの暴力は実母に対しても向けられており、母親はSの言うことに従わざるを得ない状態であった。こうした母子関係のなかで、母親は二階にあるSの部屋に入ることはもちろん階上へ上がることさえ禁じられており、Aさんの存在が母親に気づかれることはなかった。

　Sは高校卒業後就職した会社を3か月で辞めた後、ほぼひきこもりに近い生活を送っていた。また、Sには中学生の頃から強度の不潔恐怖があり、「汚染される」ことを極度に恐れていた。Aさんにベッドから降りることを禁じていたのも、Aさんが「汚染される」ことを防ぐためであったとSは述べている。さらに、「（監禁中にAさんが自分の言うことをきいていたのは）慣れたんだと思う」とか、「（自分がAさんから）嫌われてはいないと思っていた」などと述べていることには、Sの自己中心性、共感性の低さが示されている。こうしたSについて、彼の診察や精神鑑定を行った医師らによって、分裂病質パーソナリティ障害、分裂病型パーソナリティ障害、強迫性障害、自己愛性パーソナリティ障害、小児性愛などの診断名がつけられている。

Column ⑦ 佐賀高校生バスジャック事件

　2000年5月3日昼，佐賀を出発した高速バスが少年（当時17歳）によって乗っ取られた。後に少年は「世間をアッと驚かせたかった。有名になりたかった」と語っている。広島まで高速道路を走らせ，最終的にバスに突入した警官隊によって少年が取り押さえられたのは，佐賀を出て15時間半後のことだった。乗客22名。少年は持っていた包丁で3人の女性を切りつけ，2人が重傷，1人が死亡した。

　少年は両親と妹の比較的裕福な4人家族の長男で，成績もよく，いわゆる"いい子"だったという。しかし中学3年の夏頃より成績が一気に下がり，家庭内暴力の兆しが見えはじめた。その背景には，小学4年頃からのいじめがあると両親は言う。高校受験を控えた冬，同級生に筆箱を取り上げられた。「返してほしかったら飛び降りてみろ」と言われ，数人の生徒が飛び降りた後，少年も校舎2階の踊り場から飛び降りた。腰の骨を折り，2か月間の入院。直後の高校入試は病室で受験し，卒業式も欠席した。望み通りの高校に行けなかった少年は結局入学してから9日間通った後，家にひきこもるようになっていく。その間家族を脅迫して，自分の思うように行動させるなど，家庭内暴力はエスカレートしている。

　翌夏，少年はねだってパソコンを買ってもらった。インターネットに熱中し，部屋に鍵をかけ，長時間閉じこもるようになっていく。ネットへの書き込みには165cmの身長を178cmと書き，「ぶっ殺してやる！！！」とうっ積した不満を発散させる一方，虚勢を精一杯張った。インターネットはひきこもった少年が，外の世界とつながる唯一の手段だった。しかし，そこでも少年はからかいの対象となる。書き込まれた言葉は，「弱いくせにいきがるな」「おまえが一番うざい」。結局インターネット上でも少年は自分の価値を認めてもらえない。だからだろうか，少年は現実の世界の中で「世間をアッと驚かせ」たいと思うようになる。部屋にはインターネットの通信販売で購入した刃物を隠し持ち，「もうどうにもならない」状態に陥った親は3月初旬，療養所に強制入院させた。少年は入院の際，「入院させられ，見放されたような気持ちになった」と両親に不信感を抱いた。事件は，療養所からの外泊中に起きた。事件数日前に書いたとみられる声明文では，「もうだれにも僕の邪魔はさせない」という書き出しで「殺人こそが正義」と主張した。現実の世界で生きられない少年のさまよう姿だった。

Column ⑧
連続幼女誘拐殺人事件

　「連続幼女誘拐殺人事件（広域重要「117号事件」）」は，1988年から89年にかけて，日本中を震撼させた事件である。埼玉県と東京都の幼女4人が殺害され，その被害者のうちの1人の玄関前には，段ボール箱に詰められた遺骨や土と一緒に「今田勇子」の名で「犯行声明」が置かれたり，朝日新聞社にも被害者の写真とともに犯行声明文が送られるなど，その異常性が報告されてきた。裁判においても，犯人の責任能力の鑑定は困難を極め，1審での精神鑑定は「パーソナリティ障害」「多重人格主体の反応性精神病」「精神分裂病」の3通りに分かれた。東京地裁では，1997年4月，「極端な性格の偏り（パーソナリティ障害）はあるが，責任能力はあった」とする鑑定を採用し，死刑判決が言い渡された。2001年東京高裁は控訴を棄却し，2審も死刑判決を言い渡している。

　事件の犯人は，両親と妹の5人暮らしであった。子どもの頃は素直で明るい子だったというが，彼を知る人の印象は，「無口でおとなしい青年」「いるか，いないのかわからない男」といったもので，友人は少なかった。短大卒業後，印刷会社に就職する。職場でもつきあいはほとんどなく，昼食も1人で食べ，仕事が終わればまっすぐ家に帰っていた。また，たびたび欠勤したが，そのたびに電話をしてきたのは母親だったそうである。その職場も5年の約束が3年で退職し，その後は父親の経営する印刷所を手伝っていた。そして，仕事用に買ってもらった車で，平日の昼間から遊び歩くようになった。趣味は写真であり，各地のテニスコートなどに出かけ，プレー中の少女らを撮影していた。

　また，同時に，離れの自室に閉じこもる時間も長くなった。6畳の部屋の三方の壁はアニメ，SF，死体を切り刻むものなどのビデオテープで埋め尽くされ，窓もふさがれた状態であったという。その数は，8000本にも及んだ。録画，ダビング，編集などの作業が可能な機材も揃えられていた。床には，漫画本とともに，幼児への性的嗜虐をテーマとする雑誌も置かれ，部屋の中央にかろうじて体を横たえるスペースが残っているだけであった。本棚にあった大学ノートには，アニメ番組の放送予定がびっしりと書き込まれていた。ビデオ愛好者サークルに入会し，テープの交換をしたり放映情報を教え合っていたらしく，全国各地からの手紙も百通近くあった。この頃，こうした対人関係が苦手で，アニメやビデオ，人形遊びなど自分の世界に没入し，同好仲間どうしでも名前ではなく「オタク」と呼び合うことから「オタク族」という若者の存在が注目された。犯人が，「オタク族」の象徴か否かは判断が難しいところだが，この事件をきっかけに，「オタク」という言葉が広がったということはいえるだろう。

Column ⑨

新宿ビデオ店爆破事件

　関東の県立高校2年の男子生徒（当時17歳）は，2000年12月4日午後8時15分頃，東京・歌舞伎町のビデオ店で手製の爆弾を爆発させた。約15分後，この男子生徒は現場から約300m離れた交番前で職務質問を受け，散弾銃の所持を確認したため，銃刀法違反容疑などで現行犯逮捕となった。この時取り乱すようすもなく，「おれがやった。自首しにきた」「むしゃくしゃするやつがいる。殺したいやつがいる。場所はどこでもよかった」と話した。

　男子生徒は，3日午後5時頃，祖父の車から散弾銃や弾丸を持ち去ったまま，午後8時半頃に渋谷駅に到着したが，翌朝になると渋谷で事件を起こす気をなくし，午後に歌舞伎町に移動した。爆発物を爆発させたうえで散弾銃で人を撃つ計画だったという。導火線に火をつけ，目についたビデオ店の入り口から爆発物を投げ入れて爆発音を聞いた。しかし人が少なかったことや疲れていたことから人を撃つ気が失せてしまい，出頭することにしたという。動機について，「人間というのは，表面ばかりよく見せて，裏ではとんでもないことを考えている。だから，バラバラに壊して，内臓や骨を見たり，悲鳴を聞いたりしたかった」と言い，「法律で罪になるのは知っているが，法律そのものが正しいかどうかは疑わしい」と淡々と話した。捜査本部は，生徒が爆弾を爆発させることで人を殺害する可能性があったと判断し，殺人未遂などの疑いで再逮捕した。

　男子生徒は，中学3年の夏頃からこのような考えをもつようになったが，その理由については自分でもわからないと語った。発生から3週間後，「ばかなことをしたと思う」「今はやらなければよかったと反省している」など事件を後悔する言葉を口にした。感情の起伏を見せず，淡々と話すようすは逮捕直後から変わらず，「学校や家族に不満があったわけではない」とも話していた。

　この男子生徒の家は農家で，祖父母と父母，弟の6人家族。小学校の卒業文集には，将来なりたいものについて「テロリスト」と書いていた。中学の同級生には，恐喝に遭ってからエアガンを持ち歩くようにしたと話していた。中学3年時には，手製の爆発物を自宅付近の山で爆発させ，学校側から注意を受けていた。学校関係者の話では，トップクラスで県立高校に入学した後も，トップで進学をめざし，生徒指導上の問題になることもいっさいなかったという。しかし，ある資格試験で不合格になった8月下旬から部屋にこもり，その際に今回の爆弾をつくっていた。

Column ⑩

全日空機ハイジャック事件

　1999年7月23日午前11時25分頃、無職の男（当時28歳）が羽田発新千歳行き全日空61便の機内で乗務員を包丁で脅して操縦席に侵入し、機長（当時51歳）を殺害する事件が起こった。男は、機長を刺殺し、乗務員らに取り押さえられるまでの5分間、操縦かんを操作して急降下させた。地上に急接近していることを知らせる警報音（テイレン）が鳴り響くなか、副操縦士が再び操縦かんを握った時は、地上まで200mという墜落寸前の状態だった。

　逮捕後、男が過去に精神科通院歴があったことや不可解な発言がくり返されたため、簡易鑑定が行われた。その結果、東京地検は刑事責任を問えると判断し、航空機の強取等の処罰に関する法律（ハイジャック防止法）違反と殺人などの罪で起訴した。同法2条「ハイジャック致死罪」の初適用となった男は、パソコンの操縦シミュレーションゲームに熱中していた。そして、ハイジャックの動機について「自分で操縦してみたかった」と述べ、機長殺害の動機については「フライトシミュレーターの操縦席の構造が実際のものと違った。機長に尋ねたが、思うように教えてくれなかったので刺した」と供述した。

　男は、幼い頃から成績優秀で、中高一貫校の有名私立校へ入学し、1年浪人した後、大学へ入学した。いつもおとなしく、ほとんど目立たない存在だったが、大学時代に所属していた交通関係のゼミでは、違った一面を見せていた。航空問題を取り上げ、規制緩和や輸送システムについて熱心に発表していた。また、羽田空港で積み込み業務関係のアルバイトもしていた。そして、全日空を含む航空3社の入社試験を受けたが、いずれも不合格だった。全日空の試験では、面接でふるい落とされていた。結局、鉄道会社に就職したが、2年半後、意味不明の言動が目立つようになって欠勤が続き、退職した。その後犯行までの約3年間、定職に就かず、ほとんど外出しなかった。

　犯行の約1か月前、羽田空港の警備の問題点を指摘し、改善を求める手紙やメールを運輸省（当時）、警察、羽田空港西ターミナルを管理する日本空港ビルディング、マスコミ各社へ送っていた。しかし、男が期待した返答は得られず、すぐには改善されなかった。そして、男は自分が指摘したとおりの手口で刃渡り19cmの包丁を持ち込み、犯行に及ぶこととなった。

第3章
ひきこもる青少年への対応

第1節

「ひきこもり」に対応する際の原則

　「ひきこもり」と一言でいっても，その原因や状態像はきわめて多種多様であり，本来それに対する周囲の対応をわかりやすく単純化して述べることは，不可能に近い。ここでは，それを覚悟の上で，岸ら（1994），牟田（2001），大野（1998）なども参考にしつつ，できる限り最大公約数を抽出するかたちで記述を行いたいと思う。また，弘中（2002）は，遊戯療法の専門家として，参考になる知見を提示しているので，これもあわせて参考にしたいと思う。

1　ひきこもりの受容

　ひきこもりの状態に陥った，あるいは陥りつつある青少年の内面は，一般に強い不安や焦燥感にとらわれ，きわめて不安定な状態にある。つまり，心理的にかなり動揺した状態にあるといってよい。そのような青少年に対して，周囲の者が，ひきこもり状態を否定するようなことを口にしたり，無理にやめさせようとしたりすることは，多くの場合，状態を悪化させることはあっても，改善させることはない。ひきこもりには，必ずその人なりのひきこもりをする原因（理由）が存在する。幼少期からの生育史に由来する原因（たとえば，親の養育態度）もあれば，最近のできごとが原因となっているような場合（たとえば，いじめや人間関係の葛藤）もある。

　親をはじめとする周囲の人は，このようなことを考慮しつつ，ひとまずそのひきこもりの状態を丸ごと受け入れるという態度が重要である。ひきこもりの

状態にある青少年を前にすると，周囲の者はいらいらして叱責や説教をしてしまったり，困惑して機嫌とりに終始してしまう場合などがあるが，そうではなくて，一番苦しんでいるのはひきこもり状態にある青少年自身であるという観点から，そのありのままの状態を冷静に受けとめ，理性的な対応を崩さないことが最も大切なことである。

2 刺激を与えることを避ける

　ひきこもり状態にある青少年の気持ちが繊細で過敏になっていることを考えると，それを過度に刺激するようなことは，極力，避けなければならない。たとえば，不登校状態にある青少年に対して，親や教師が一刻も早く登校するように促したり，しきりに学校や勉強の話をしたりするのは，不安定になっている青少年の心理をさらに不安定にさせてしまい，むしろ解決を遅らせてしまう場合が多い。

　イソップ物語の中に，有名な「北風と太陽」という話がある（平田，2001参照）。北風と太陽が，どちらが強いかで喧嘩をはじめ，双方が自分の力を誇示したあげくに，旅人の着ているものを脱がせたほうが勝ちということで力比べを行う。まず，北風が旅人の上着を脱がせようと，思い切り風を吹きつけると，旅人は寒さのために，袋に入れて持っていた服をさらに何枚も着込んでしまうが，逆に太陽がぽかぽかとした温かい日差しを注ぐと，旅人は暑さのために汗をかいて，自然に自ら着ていたものを脱ぎ，裸になって川の中に飛び込むという内容である。

　この話の教えとしては，「力ばかりで向かうのではなく，穏やかで温かい心を持って接しましょう」（平田，2001）という記述がなされているが，ひきこもり状態にある繊細な青少年の心を解きほぐし癒すのは，やはり外からの強い不快な刺激よりも，内面をやさしく刺激するような温かなぬくもりということに他ならないであろう。ひきこもりを早期に解決する速効性のある方法を見いだすことは現時点ではなかなか難しいが，このように考えると，ひきこもりの場合には，あるいは一見非常に回りくどいと思える方法や，むしろ逆説的と思われる方法のほうが，より早く確実な成果をもたらすといってよい面があるの

かもしれない。

3 解決を焦らない

　ひきこもりは，もちろん一過性の場合もあるが，多くはその人の生育史のなかで徐々に形成されたものが，ある時期に一気に現象となって顕在化したものである。それは，まさに，マグマが地下の奥深くでゆっくりと成長し，突然の火山噴火となって地上に現れるという現象に類似している。その点からいえば，ひきこもりの早急な解決は望めないし，また望んでも難しいということになる。解決を焦ることは，かえって状態を悪化させてしまったり，青少年にさらに深い心の傷を与えてしまうことになりかねない。

　体の傷とは違い，心に刻まれた傷は外から観察することはできない。そうだとするならば，一見遠回りにみえるじっくりと時間をかけた対応のほうが，実は解決に至る近道であり，それが根本的な対応になることが多いという現実に気づくわけである。

　ただ，このような対応は，意識的のうえではわかってはいても，現実にはなかなか難しいし，いくら日々を重ねても一向に改善に至らない場合などには，いつの間にか，対応する側がこれを忘れて無力感や絶望感を感じたり，肩に力が入りすぎて我を忘れて対応に四苦八苦してしまっているようなこともある。「急がば回れ」というよりも，「急がず回れ」の精神が，とりわけ肝要といえるであろう。

4 現象の解決のみに目を奪われない

　ひきこもりについては，ひきこもりという現象が消え去った時点で，一応の問題解決に至るわけであるが，このような現象の解消ということにのみとらわれた対応をしていると，とりあえずその時点では現象としては消えるが，根本的な問題が何も解決されないままに置き去りにされ，その後に，さらに深刻な事態を招くという場合も存在する。これはかなり以前のことになるが，筆者の知っている例でも，不登校状態にあった中学生が，教師から登校を強いられし

ばらく登校をした（させられた）が，その後，さらにひどいひきこもり状態に陥り，数年間にわたる精神病院への入院の後に，病院の屋上から飛び降り，自殺に至ったという痛ましいケースもある。

つまり，何とかひきこもりを解消させようとする周囲の願いや行動は確かに尊いが，その現象の解消を第一義的なものと考えて対応していこうとすると，青少年の側のさらなる心理的な抵抗にあって，かえって問題の解決を遅らせてしまったり，問題を悪化させる可能性が大きいといえる。周囲の者にとっては表面にあらわれる現象のみならず，何よりも，対話等を通じて，その背後にあるひきこもりという現象の裏に隠されたそれぞれの青少年の心的現実の世界をひもといていくという地道な作業が求められるであろう。

5　成長を見守る

ひきこもり状態にある青少年の多くは，当然のことながら，意味なくひきこもりをしているわけではない。そこでは，通常，意識的・無意識的に，これまでの自己の生育史や日常生活におけるさまざまな心のわだかまりの整理や，休養によるエネルギーの備蓄などが行われている。つまり，青少年が，諸々のことを自分なりに整理し，これから前に向かって進んでいくための，重要でかけがえのない作業を行っていると考えることができる。また，青少年にとって周囲の援助を得つつひきこもりを乗り越えていくことは，自己の再構成のみならず，人間として一回りも二回りも成長していくきっかけとなることが多い。青少年は，ひきこもりという行動をとることによって，多くの場合，自己を精一杯見つめ，自己の将来に目をやろうとしているのである。

そのような青少年に対して，周囲の者は，必要に応じて適度の援助を与えつつ，その成長を見守るという態度を基本としてもつのがよいであろう。過度の干渉などの介入は，むしろ成長に対する妨害要因として作用してしまうことが多いので，注意が必要である。ひきこもりの克服には，険しい紆余曲折の道のりが予想されるが，そのプロセスに愛情をもって添い続けることができるとすれば，青少年は，それほど遠くない時期に自らの作業を終え，一皮剥けたその姿を親や教師の前に現してくれるに違いない。

6 専門家との連携

　ひきこもりに対する対応は，基本的に非常に難しい。その点から言えば，専門家との連携が必要になることも多い。親や教師のひきこもりへの対応には不安や悩みがつきものであるが，その際に専門家から助言を受けたり，場合によっては，専門家の積極的な援助を仰ぐことが必要になることもある。専門家としては，スクールカウンセラーや臨床心理士，精神科医などがあげられるが，必要に応じて，学校や児童相談所，大学の心理相談室，病院の精神科などを訪問することにより，これらの専門家の援助を受けることができる。特に，ひきこもりが1年以上の長期にわたったり，暴力をともなうなどの場合には，積極的に相談を求めるほうがよいであろう。

　なお，専門家に協力を求めるということは，親や教師が自分の責任を放棄するということを意味するわけではない。ひきこもりの程度や内容によっては，専門家の積極的な援助が必要な場合も多い。その際に，親や教師は，あくまでも専門家との「連携」という意識をもち，一方で専門家の援助を受けながら，自らが青少年に対してできることを，精一杯こなしていくという態度をもち続けることが肝要といえる。

7 物事を大局的に考える

　青少年のひきこもりは，青少年自身のみならず，身近にいる親や教師をはじめとする大人たちにとっても，つらく厳しいできごとである。しかし，青少年がひきこもりを乗り越えることによって，青少年自身のみならずそのための援助を惜しみなく行った親や教師たちも，人間として確実に成長を遂げていくことができる。親や教師たちは，青少年のひきこもりを目のあたりにすると，絶望的な気持ちに陥ってしまうことも多いが，その現実に真剣に向き合い，辛抱強くかかわりや援助を続けることにより，自らをもまた，さらに人間として成長させていくことができる。そこには，自分以外の他者とかかわり，他者を育むことによって自己もまた育まれるというきわめて必然的なメカニズムが存在するのである。

つまり，ひきこもりは，その現象だけからみると，ある種，絶望的とも思える面があるかもしれないが，実は，当該の青少年にとっても，また，彼らの周囲にいる大人たちにとっても，より人間として成長した存在へと至るための，絶好のチャンスという捉え方もできるのである。次の世代を担う健全な子どもや青少年を育成することが，親や教師をはじめとする大人たちに課せられた重要な使命といえるからである。
　ひきこもり状態にある青少年とのかかわりを考える際には，このような相互的かつ大局的な視点をもって臨むことも，重要なことと思われる。

　以上，ひきこもり状態にある，あるいはひきこもり状態に陥りつつある青少年に対応する際の基本的な原則（内容）について，筆者なりに7つの観点から記述を行った。もちろん，見方によってはこれらのみで必要かつ十分とはいえない面もあろうが，重要な事項は盛り込んだつもりである。なお，これらの7つの事項には，内容的に互いに重なり合う部分も存在するので，その点を注意したうえで理解し参考にしていただければと思う。

Column ⑪

ひきこもる青少年を援助する施設・機関

　不登校やひきこもりの相談は，家族によって相談機関に持ち込まれる。そのため，相談の対象は家族になる。一般の総合病院の精神科や精神科診療機関，精神科クリニックなどでは，本人を診療の対象と考えがちなために，子ども本人を伴うように家族に指導が行われる。家族はそのために，継続的な相談をあきらめざるを得なくなる。そこで，ひきこもりの相談は，家族自体が相談の主体であるという立場をとる施設でないとできないことになる。そのような機関では，家族だけを支援の対象にして，ゆっくりと時間をかけて家族が罪悪感や孤立感から解放されて楽になることをめざす。そういう意味では，援助機関・施設は限定されてくる。

　①県や政令指定都市が設置している精神保健福祉センター：精神保健福祉法に基づいて設置運営されているメンタル・ヘルス全般に対応する施設。精神的悩みや心の病気に関する相談など幅広い対応を行うが，精神保健福祉士や保健師，ケース・ワーカー，臨床心理士，精神科医師などが勤務しており，ひきこもりの相談では，「親の会」や「本人の集団療法」などを実施しているところもある。

　②県や市などの自治体が設置している保健センター（保健所）：ここでは保健師（精神保健相談員）が対応する。場合によっては，家庭訪問をすることもある。他の専門医療機関や精神保健福祉センターに紹介することもある。

　③児童相談所や教育委員会などが設置する青少年のための相談機関・教育センター：ひきこもりでも年齢の低い青年（不登校を含む）の場合に，適切な機関である。教育相談員，児童福祉士や臨床心理士，精神科医師が勤務している。

　④大学が設置している心理教育相談室など：臨床心理士を養成する大学の多くは，学内に心理教育相談室や心理臨床センターなどを設置している。実習・訓練施設という性格上の制限はあるが，専門の臨床心理士が常駐し，精神科医師との連携も十分である。

　ひきこもりの相談にあたっては，状態像が実にさまざまであり，ひきこもりが精神病性のものか否か，自傷・他害などの緊急性があるかないか，などの判断が重要である。家族を支援しながら，この点を見きわめることが当面の目標で，それが可能な相談機関でなければならない。

第2節 さまざまな「ひきこもり」への対応

1 抑うつ・無気力

1——発達援助としての対応

　思春期，青年期は，生物学的，心理学的，社会学的な意味において児童期から成人期に向けての発達的移行期である。したがって，抑うつによるひきこもりについても無気力によるひきこもりについても，発達的観点を考慮することが重要となる。

　気分障害は，思春期・青年期の心理的変化を誘引とし，生理学的な要因との関連で生じた症状と考えられる。分離不安障害は，まさに親子の分離という発達過程における心理的変化が直接の要因となっている。適応障害は，何らかの外的なストレス因子が原因となっている点では，発達過程で直面する社会的要因が大きく影響している。アパシーとしての無気力は，登校や進路決定といった思春期および青年期の課題に対処できずに現実を回避している事態とみることができる。

　このように，抑うつおよび無気力のいずれも発達過程と密接に結びついて生じるものである。したがって，抑うつおよび無気力によるひきこもりを示す青少年に対応する際には，その人の発達過程を援助することが基本となる。

2——気分障害にみられる抑うつに基づくひきこもりへの対応

　気分障害については，近年において生理学的な観点から理解されるようにな

っている。気分障害の原因に生理学的異常があるかどうかは別にしても，気分障害が発症した場合，食欲や睡眠の異常，自律神経失調症状などにみられるように生理学的変化をともなうことは確かである。そこで，気分障害が疑われる場合には，まず病気として医学的治療を受ける態勢にもっていくことが目標となる。ただし，初発の場合（実際，思春期・青年期では，初発の場合が多い），本人は病気としての意識はなく，むしろ自らの状態を"怠け"として強い自責の念をもっていることがほとんどである。また，重症の場合には，周囲の者に迷惑をかけているという妄想をもち，自殺念慮を抱いている場合がある。

したがって，対応としては，病気と決めつけるのではなく，まず本人の気持ちをていねいに聴くとともに，現在困っていることを具体的に聞いていく。そして，それが怠けではなく，むしろ生理的な変化に基づくものであることを説明する。本人のそれまでの努力をねぎらうとともに，何よりも休養が必要であり，医学的治療（薬物）が助けになることを伝え，できる限り早急に医療による援助態勢を形成するようにする。ひきこもりに関しては，無理に外出を強要するのではなく，休養をとるためにひきこもることも必要であるとの認識に立つことが求められる。重症の場合，特に自殺の危険性がある場合には，入院治療というかたちで"ひきこもり"を利用して治療を行うことが必要となる。いずれにしても，気分障害の場合，励ましや叱責は禁物であり，ひきこもりを求める気持ちを含めて本人の気持ちや苦しみを共感的に聴いていくことが重要となる。

青少年の場合，本人だけでは判断がつかないことが多いし，また，経済的な点でも医学的治療を受けるためには保護者の協力が必要となる。したがって，家族（特に親）への説明が重要となる。なかには本人以上に家族の方が，本人の状態を怠けとみなし，ひきこもりを止めさせようと厳しく対処していることがある。そこで，家族に気分障害という病気であること，本人の苦しみを無視した励ましや叱責などにより自殺の危険性があること，至急医学的治療が必要なことを説明し，本人が医学的治療を受けられる環境をつくっていくことが肝要である。

医学的治療によって症状がある程度軽減した後に，認知行動療法的な心理療法が有効となる場合が多い。本人は自分自身，外的世界，自己の将来に対して

否定的・悲観的な認識をもっているので，その認知のあり方を変化させるようにもっていくことが重要である。気分障害の場合，再発の可能性が高いので，それに予防的に対処することも重要となる。進学や就職などのライフイベントが引き金となって発症しやすいので，本人および家族とともに思春期・青年期に生じてくる発達課題に対処できるように，事前に話し合いをしていくことが再発の防止につながる。

3 ── 分離不安にみられる抑うつに基づくひきこもりへの対応

　分離不安に関連した抑うつと，それに基づくひきこもりが生じている場合には，親子関係の調整が主要なテーマとなる。無理に親子の分離を進めた場合，抑うつが強くなるか，あるいは境界性パーソナリティ障害の傾向がみられる場合には自傷行為，あるいは薬物や性的依存など，他の行動化が生じる危険性が高くなる。そこで，ひきこもりを受容したうえで，親子面接あるいは家族面接を設定し，分離不安が生じている親子関係の見直しをする。ひきこもりが強く，本人が来談できない場合には，親や家族に来談してもらい，家庭における本人への対応を改善していくことを試みる。

　いずれの場合においても，親からの分離に対する本人の不安や抑うつ感情を受けとめ，親や家族への依存性を認め，親子の間の信頼関係を再構成することがテーマとなる。ここでは，思春期・青年期における親からの分離という発達課題を行う土台となる親子間の依存関係や信頼関係を再構成し，分離の準備を整えることが対応の目的となる。したがって，ひきこもりをやめさせるのではなく，親子関係を再構成するための場として，ひきこもりを積極的に活用することも重要となる。その際，学校の教師などに事情を説明し，親子が積極的にひきこもりを活用できるような態勢を整えておくことも，対応する際に留意すべきことである。

4 ── 適応障害にみられる抑うつに基づくひきこもりへの対応

　適応障害として抑うつが生じ，それがひきこもりの要因となっている場合には，その適応障害の原因となっている外的なストレス因子を突き止め，それを除外することが目標となる。青少年の場合，ストレス因子としては，試験の失

敗，仲間関係のトラブル，恋愛の失敗などの発達課題と結びつくものが多い。ただし，青少年の場合，ストレス因子となっているできごとを意識化できなかったり，あるいはそれを表明することに罪悪感をもったりすることが多く，簡単には突き止めることは難しい。特に，学校場面でのいじめや家庭での虐待がある場合には，その傾向が強くなる。

　したがって，最近の状況をていねいに聴いていくとともに，家族や教師など周囲の人からも事情を聴き，適応障害の要因となっている状況を具体的に把握することが必要となる。その際，いじめや虐待などがストレス因子となっている場合では，PTSD（心的外傷後ストレス障害）が生じている可能性がある。そのような場合，ストレス状況を具体的に把握するとともに，それがどのくらい持続しているのか，そして本人への影響はどのようなものかをていねいに把握することが肝要となる。

　適応障害に基づいてひきこもりが生じている場合には，通常の思春期・青年期の発達課題がストレス因子となる。これは，思春期・青年期の発達課題に対処するだけの自我が育っていない側面もあることを意味している。そこで，単にストレス因子を除去するだけではなく，発達課題に対処できるだけの自我の成長を援助する心理療法的な対応も必要となる場合が多い。その際，あまり深い内面的なことを扱うのではなく，具体的課題にどのように対処したらよいのかという認知的側面を強化していくことが望ましい。そして，ストレス因子を除去するとともに，ひきこもりの状態から少しずつ外界に出て行くように働きかける行動療法的な対応をすることが有効な方法となることが多い。ただし，PTSDの可能性がある場合には，外出させることを急がずに，まず本人の恐怖感をくり返し聴いて，それを取り除くことが最初の課題となる。

5──アパシーにみられる無気力に基づくひきこもりへの対応

　以上みてきた抑うつを要因とするひきこもりにおいては，形態の違いはあれ，いずれも自らの置かれた状況に対して問題意識をもち，自ら苦悩することができる状態であった。したがって，対応においては，まずその苦悩に共感するとともに，その苦悩を取り除き，問題に対処できるだけの自我や生活スキルを形成していくことが対応の目標となる。

ただし，第2章の表2-2に示したようにアパシーにみられる無気力は，基本的に悩めないという心理障害をもち，悩まない行動をくり返し示すので，対応が非常に難しい。また，ひきこもりについても，抑うつを要因とするひきこもりは全面的なひきこもりであるのに対して，アパシーとしての無気力を要因とするひきこもりでは，アルバイトや遊び仲間に対しては積極的にかかわるということもあり，部分選択的なひきこもりである。生活全体にわたってひきこもることがないため，本人や周囲も問題意識を強くもつことが少なく，結局はひきこもり状態が引き延ばされ，慢性化していく傾向がある。

悩むということは，青年期の発達においては自己確立に向けての第一歩を踏み出すことである。それが，困難な状況であるとしても悩むことを契機に自己の確立に向けての動きがはじまる。しかし，アパシーにはそれがない。適応強迫的な性格のために，一見しっかりしているようにみえるが，実際にはそれは，外部の期待や基準に適応するように作り上げた擬似自己でしかない。むしろ，成人期に向けて発展していく核となる自分というものがなく，そのため現実の発達課題に直面することができず，困難な場面が生じても悩むことさえできない。その点でアパシーとしての無気力を要因とするひきこもりにおいては，青年期の発達がはじまらないままの中途半端な状態が慢性化してしまう。したがって，青年期発達の可能性という観点からするならば，アパシーとしての無気力は，抑うつによるひきこもりと比較して深刻な事態にある。発達援助としての対応を開始することができず，部分的なひきこもりが慢性化してしまうことが，対応の最大の難しさである。

まずアパシーとしての無気力では，回避，否認，分裂などによって悩むことができないので，通常自発来談はみられない。したがって，適切な対応をするためには，教師，上司，父母など周囲の関係者にアパシーとしての無気力の状態を説明し，それは単なる怠けやさぼりではないので，そのような傾向がみられたら相談機関に連絡してほしい旨の啓発活動をしておくことが必要となる。ただし，紹介されて来談しても，悩んでいないので通常のカウンセリングや心理療法では対応できず，すぐに中断となる。むしろ，カウンセリングなどで本人に悩むことを求めること事態が，本人を脅かすことになりかねない。そこで，面接が中断になっても，粘り強く連絡をとるとともに，周囲の関係者と協力し

て本人の来談を促すサポート・ネットワークを整えることが重要となる。

　ここで重要なのが，このような独特の無気力を示す青少年に対応する者が，彼（女）らの悩まない態度に反応し，逆に悩まされ，苛立ち，批判的に対応しないように注意することである。彼（女）らの示す独特の回避行動は，非常にわかりにくい行動化である。そのため，対応する者が，それに気づかないまま反応をしてしまい，さらに事態を混乱させてしまうことが非常に多い。そこで，彼（女）らの悩まない障害に巻き込まれずに対応することが肝心となる。

　そのような対応を粘り強く続けていると，しだいにアパシーとしての無気力の中核に存在する"悩めない障害"が見えてくる。そこから明らかとなるのは，彼（女）らにあっては，情緒や自己欲求の発達が非常に未熟で，その人独自の自己が未確立であることである。したがって，このような自己の未熟さに対して，その成長を促し，少しでも悩めるようになるよう援助することが対応のポイントとなる。その際，悩むことを求める心理面接は困難であるので，現実場面でさまざまな役割実験をさせ，そこでの体験に基づいて自己の成長を促すことが必要となる。そのためには，家族，教師などの周囲の関係者の協力を得て役割実験ができる環境を構成することが重要となる。

2　パーソナリティ障害

　パーソナリティ障害の場合も，ひきこもりへの対応の基本は他の社会的ひきこもりの場合と大きくは変わらないと思われる。ただ，第2章で述べたように，心理・社会的要因だけでなく，生理学的要因も加わった彼ら特有の「生きづらさ」の問題があるので，そのことも考えたうえでの対応が求められる。

　ここでは，パーソナリティ障害の人たちの「ひきこもり」に関して，特に重要と思われる問題とその対応について私見を述べてみたい。

1──自殺の問題

　青年期に，死について一度も考えたことのない人はおそらくほとんどいないであろうし，ひきこもっている青年のなかにも，死にたいと思いながら生きている人がたくさんいる。倉本（2001）によれば，最近1年間の青少年の社会

的ひきこもり相談件数6,151件のうち，281件（4.6%）に自殺関連行為が認められ，その内訳は，自傷行為136件，自殺未遂142件，自殺既遂7件（重複を含む）であったという。これは，同年代の一般人口中の自殺に比べて，数倍から十数倍高い数字であるという。

　この問題をパーソナリティ障害の人たちに限っていうと，さらに深刻かつ切実な状況がある。境界性パーソナリティ障害の自殺完遂率は3～10％といわれ，けっして楽観できる数字ではない。

　分裂病型や分裂病質パーソナリティ障害の人たちの自殺についての統計学的数字はないが，筆者の個人的印象では，彼らは境界性パーソナリティ障害の場合のように他者を巻き込むことが少ない分，何らかの行動を起こすときには死に直結する危険性が高くなるように思われる。たとえば，彼らは自殺予告などせずに，ひとり暮らしのアパートや，家族が旅行に出て完全にひとりになったときに，確実性の高い方法で自殺を図る。

　ひきこもりのはじまる契機として，自殺未遂がある場合も多いが，それ以前から，家族にもだれにも知られないようにして，自殺企図をくり返している人が少なからずいる。むしろ，人に知られるかたちになったときには，長年，澱のように蓄積していた苦悩があふれ出るまでになったと見たほうがよい。

　分裂病型・分裂病質パーソナリティ障害の人たちは，家族に対しても親しみが感じられず，親密な関係をもつことが難しい。「自分の居場所がない」「この世界に，自分が生きていく場所はない」という苦悩は，家族に語られることはめったになく，家族がそのことを知るのは，自殺企図のあとがほとんどである。

　ひきこもりは，「自分が生きていく場所はない」という場所（社会）から撤退して，ひとまず彼らが生きていく場所になる。その場所に避難することで，命が守られる側面があることも忘れてはならない。

2──家族への支援

　ひきこもりは，それが長くなればなるほど，本人の苦悩もさることながら，家族もまた，戸惑いや不安，焦りを感じて，頭を悩ませることとなる。

　前述したように，パーソナリティ障害の人たちには，自殺の問題がからんでいる場合があり，これは，家族にとってはたいへんな衝撃である。また，ひき

こもり以前には，彼らはむしろ学校や社会に過剰適応していることもあるので，家族は突然の変化に驚き，戸惑い，どのように対応してよいかわからないというのがふつうであろう。ひきこもっている本人は，なかなか相談機関に足を向けないが，家族だけでも相談に行くほうがよいと思われる。

2001年に厚生労働省より，10代・20代を中心とした「社会的ひきこもり」をめぐる地域精神保健活動のガイドラインが出されてから，地域の精神保健福祉センターを中心に，ひきこもりについての相談や支援も拡充してきている。まずは，そのような窓口に連絡してみるとよい。家族が相談に通っているうちに，本人自身も気持ちが向いて，来談につながることもある。

彼らは，長年，つらい強迫的な生活を続けていたり，学校・社会での人間関係のストレスにさらされ，心身ともに消耗・疲弊し，うつ状態やさまざまな神経症的症状を合併している場合も少なくない。過食や飲酒などの嗜癖行動が続いていることもある。生理学的問題には，医師の処方する薬が効くことがあるし，心理的ケアだけでなく身体的ケアも含めて相談できる機関がよいと考えられる。

家にひきこもるようになっても，けっしてすぐに安定が得られるわけではない。社会や他の人々から取り残される不安や，ひきこもることへの罪悪感，何もできない自分へのいらだち，このような状態が永遠に続くのではないかという恐怖などに苦しむことになる。

斎藤（2002）は，家族の対応として最も大切なことは，「安心してひきこもれる環境づくり」であるという。本人にとって，ひきこもりは，命を守る面もあり，疲弊した心身に休息を与え，エネルギーを充電するというプラスの面がある。家族がこのことを理解して，彼らのひきこもりを保障し，支援する態勢になると，彼らも安定してくる面がある。

3——暴力への対応

パーソナリティ障害のなかには，もともと衝動の制御に脆弱性をもつタイプがあるが，それに加えて，ひきこもる生活のなかで時に退行して，家族に対して激しい攻撃や暴力を起こす場合がある。

「自分がこうなったのはすべて親のせいだ」「親の育て方が悪かったのだ」

「もうとりかえしがつかない。どうしてくれるのだ」といった親への非難が，しばしば彼らの口から出てくる。言葉だけでなく，物に当たったり，直接的に身体攻撃がはじまるときもある。暴力に対しては，まわりは毅然として拒否することが肝要であるが，暴力がくり返されるようになると，なかなか家庭内だけで解決することは難しくなる。早い段階で第三者の介入があったほうがよいと筆者は考える（磯部，2002）。

カウンセリングで暴力に関する相談を受けるときには，筆者の場合は，本人と家族からよく話を聴いたうえで，次に暴力が起こったときにどうするかという対応を，本人と家族の双方と一緒に考えることにしている。

多くの場合，本人には，「暴力をふるう瞬間はスカッとするかもしれないが，後で冷静になったときに非常に落ち込むもとになる。また，事故が起こる可能性もあり，実際に死亡する例もあって，そうなると犯罪者になるのはあなたである。結局あなたにとって害になるから，やめたほうがよい」と伝える。家族には，「暴力が起こったら，それをがまんして受けてはいけない。きっぱりと拒否してひどい場合は逃げる」ことを勧める。逃げることは本人を見捨てることになるのではないかという不安がしばしば語られるが，先に本人に話したことをもう一度伝えて，むしろ本人にとって害になったり，取り返しがつかなくなることから，本人を「守るため」に逃げるのであるという説明をするようにしている。

このような介入をしたあとには，彼ら自身が暴力をふるいそうになると，自分からその場を離れたり，家族から距離をとるなどして，暴力を回避する行動を主体的にとりはじめることが多い。

4 ── 「ひきこもり力」を養う

ふつうの生活を送っている人のなかにも，ひとりでいる状態から人と会うために人中に出て行くときには，億劫だとか何となくいやだと心のどこかで感じる人はいる。また，われわれでも人と会話していて興味のない話とか気の乗らないときには，その場にいてもその話題には入らずに，いわば「小さくひきこもって」過ごすような場合がある。苦手な相手には，当然あまりかかわろうとしないものである。逆説的ないい方になるが，ひきこもっている彼らは，この

ような「小さなひきこもり」を自由に活用することが難しいようである。あるいは，人といるときには，そういう態度はとってはいけないと思っている。そして，ひとたび人前に出れば，自分のすべてを"オン"にして，人と対するので疲れ果ててしまうようにみえる。再び社会に出て，人と交わる際には，むしろ，このような小さなひきこもりを活用する力を十分養っておくことが，彼らの助けになると思われる。

人のなかにいても，人と交流しないという道もある。自分が今，どうしたいと思っているのか，「ひきこもり力」をつけるには，まずこの自分の本当の気持ちに，素直に耳を傾けてみることからはじめるのがよいと思う。これは，すべてのタイプのパーソナリティ障害の人に共通するものだと思う。そして，最初は，相手をよく観察するようにして，性急に自分から行動を起こさずに，まわりの人たちがどのようなタイプのどういう人かをじっくり見るところから入っていくのがよいように思う。

5──焦りは禁物

ひきこもりの全期間を通じていえることであるが，焦りは禁物である。家での生活が落ち着いてきたからといって，すぐに学校や仕事といった義務や責任のともなう活動に取り組むのではなく，まずは自分の好きなことや趣味などの楽しいことをするのが先であると思う。心のエネルギーは，好きなことをしている時間に蓄えられるものである。なかには，逆に楽しいことは断って，つらい苦しいことばかりに挑もうとしたり，自分の欲求を極力抑えて生活しようとする人がいるが，これではいつまでたっても心のエネルギーの充電ができないし，おそらく免疫力を低下させることにもつながるであろう。ひきこもりが長くなると，意欲や欲求の低下という問題も生じてくるので，自分の好きなことがあって，その世界で遊べるということはたいへん重要である。

パーソナリティ障害の人のひきこもりでは，特に，本人もまた周囲の人も社会復帰は急がないほうがよいと筆者は考える。心の充電が不十分で，まだ不安定なときに焦って飛び出すと，まずうまくいかないし，調子はどんと悪くなり，そのことのダメージから回復するのにかなりの時間を要する。焦って決断して，うまくいったという話は聞いたことがない。焦りが強い時期の最も賢明な方法

は，待ちの姿勢に徹することだと思う。こういう時に何かを決めるのは，時に危険であり，決めたことによる変化に本人が耐えられない場合もある。

　苗村（1999）は，19歳から不安発作をくり返してモラトリアムを求め続けた学生が，25歳でようやく卒業したものの，その後の社会適応に挫折して27歳で悲劇的な焼身自殺を遂げた事例を報告している。そして，その青年のひきこもりがいかに切実で命がけのものであったか，彼が生きていくためには，もっと長い年月をかけて，個人の事情と人格に合わせたケアが必要であったのではないかということを考察している。

　彼らの問題は，傍目（はため）から見てはわからないものである。しかし，長い間，カウンセラーとしてパーソナリティ障害の人たちと会ってきた筆者には，難病を抱えて生きている人の苦悩と似たものを，彼らの人生のなかに見ることがある。彼らとともに生きる人たちには，そのような視点も必要なのではないかと思われる。

3　心身症

　第2章第2節3項においても述べたように，「心身症」をみていく場合は，心身両面からその症状を理解し，対応を考えていかなくてはならない。そのためには治療者として，医学的な知識・技術はもちろんのこと，心身症の特徴，心理療法などについての知識や経験を有し，特に精神科医，関連領域の医師，臨床心理士やケースワーカーなどのチームで彼らを援助できる体制づくりを考えていく必要がある。また，ひきこもる彼らと治療者との十分な信頼関係がもて直接対応できる場合もあれば，彼らの家族だけが来所し，本人にはまったく会えない場合まで，いろいろなケースが考えられる。心身症にみられる「ひきこもり」の発症時期や経過についても人それぞれであり，また症状にもいろいろなものがある（第2章の表2-5参照）。ここでは，「心身症」について一般的な診断・治療を述べるとともに，ひきこもる彼らへの対応も考えていきたい。

1──心身症の診断

　心身症の診断には，身体的側面だけでなく，心理・社会的側面からも総合的

表3-1　心身症の診断手続き

```
身体的側面…身体的な病歴
              現在の症状
              臨床検査
心理・社会的側面…ライフスタイル,
              生活習慣の聞き取り
              周囲からの情報
              行動観察
              経過観察
              心理テストなど
```

表3-2　面接による生活史の調査

```
a. 受診の動機
b. 主訴
c. 現在の生活状況
d. 生育歴（性格形成上の問題点）
e. 人間関係
f. パーソナリティ
g. その他
   ストレス処理方法，心理反応，自
   我統合力の強さ（ストレス耐性，
   問題解決能力，現実吟味能力，過
   去の対人関係や適応性などによっ
   て判断）など
```

にみていき，ひきこもる彼らの理解を深めていく必要がある（表3-1）。身体的側面では身体的な病歴，現在の症状，臨床検査などの情報を十分に得ることが必要である。また面接から得られる現在の生活状況（家族関係，仕事や学業の状況，ストレッサー，ライフスタイル，生活習慣など）といった心理・社会的側面の情報により，その症状の背景にある現実生活におけるストレス状況や生育歴（幼少期からの家庭環境，親子関係，きょうだい関係など）およびストレス処理方法，心理反応（心理状態），自我統合力の強さなどを総合的に知ることが大切である（表3-2）。さらに，これらの情報をもとに心身症を理解するためには，身体症状の発症や経過に「社会心理的因子」，すなわち情動ストレスがどのようにかかわっているかを明らかにしていくことが必要である。それには上述の面接によるクライエントの理解が有効であるが，さらに心理テストを用いることにより，彼らのパーソナリティをより多角的に知る手助けになるであろう。

2──心身症の治療

心身症の治療にあたっては，心身両面からその症状を把握し，治療目標を立てる必要がある。その治療目標の1つめは「身体症状の改善」である。心身症は身体に症状としてあらわれる疾患であるので，たとえ心理・社会的側面が大きい役割を果たしていても，まずは身体における治療が優先されなければならない。たとえば摂食障害によってその栄養状態が思わしくなければ，それを改

善するために医学的治療を施さなくてはならないだろう。2つめは「ライフスタイル，生活習慣の是正」である。ストレスフルな生活を送っていると食生活や嗜好物（飲酒，喫煙）の過剰摂取などといったライフスタイル，生活習慣が乱れがちになり，それがかえって症状を悪化させることにつながる。ライフスタイル，生活習慣を規則正しくすることは，ストレスに対する心身の抵抗力を高めることになる。3つめは「精神面の改善」である。人間的な成長，性格や行動の変容，環境への適応力など，その人にあった心理療法を行っていく必要がある。

　心身症の治療には，表3-3に示したようなものがあり，その症状に応じて単独あるいはいくつかを組み合わせて適用する場合がある。

表3-3　心身症の治療（日本心身医学会教育研修委員会，1991から一部改変）

1．一般内科ないし臨床各科の身体治療
2．向精神薬—抗不安薬，抗うつ薬，睡眠薬，自律神経調整薬，漢方薬
3．生活指導
4．心理療法
　　面接による支持的治療（カウンセリング）
　　専門的な療法
　　　自律訓練法，筋弛緩法，交流分析，精神分析療法，力動的心理療法，行動療法，バイオフィードバック，家族療法，ゲシュタルト療法，作業療法，芸術療法，箱庭療法など
5．東洋的療法
　　森田療法，絶食療法，内観療法，気功法，ヨーガなど

　心理療法への導入に際しては，船越（1992）は，「まず身体症状をめぐる訴えを十分に聞くことが治療者への信頼につながると同時に，心理・社会的な要因を探る糸口となる。次に心身相関への理解を促し，徐々に心理療法に導くことが望ましい」としている。これは心身症の心理療法に限ったことではなく，クライエントの訴えに耳を傾け，そして信頼関係を築き上げていくことは，あらゆる場面において留意しておかなくてはならないことであろう。特に，ひきこもりをする彼らが援助者とどのように出会い，信頼関係を築いていけるか否かが，治療の成否を左右するのはいうまでもない。

　心身症の治療においては，援助者と協力し合いながら，彼ら自身が病気について理解を深め，ライフスタイルや対人関係における問題点を是正して，自身で管理をしていくこと，そしてストレスとどのようにつきあっていくかを身に

つけることを最終目標としている。

3——ひきこもる青少年への対応

　ひきこもっている本人自身に来談意欲があったり訪問援助を受け入れる場合もあれば，まったく拒否的な反応を示す場合もある。それによって対応を変えていく必要があるが，家族と協力し合いながらひきこもる青少年を援助することが基本であると考えられる。以下，3つのタイプの事例を提示して対応について述べる。

(a) 専門機関での援助

【事例】A君（17歳，男性）。幼少期から素直で，元気いっぱいの明るい子どもであったが，希望する高校に進学できず，また入学した高校では友だちができないと親に言っていた。高校1年の2学期頃から学校へ行きたがらなくなり，しばしば下痢をするようになった。しばらくは登校していたが，日を追うごとに下痢が激しくなり，1日に10回ほどもトイレに行くようになった。日曜日など学校へ行かない日は比較的症状も軽かった。授業中，トイレに行くことでまわりの目が気になり登校できなくなり，また登校できないことから不安，焦りが強くなり，家にひきこもっていた。A君は，心療内科で「過敏性腸症候群」と診断され，治療を受けることになり，また並行して筆者が面接を行うことになった。

　A君への治療には，生活指導，薬物療法，それに加え心理療法を導入した。医師からは身体のリズムを補正することを目的として，規則正しい食事時間の設定，十分な睡眠時間の確保，排便習慣をつけるための生活指導が行われた。薬物療法では止瀉剤や整腸剤を処方し，また不安，焦りが強いことから情緒的な安定をはかるために軽い精神安定剤や抗うつ剤が処方された。心理療法では，外出している時に下痢を起こすのではないかという不安や緊張が強いため，心身をリラックスできるように自律訓練を行った。ストレスへの対処法を考え，また自己を見つめ直す作業を通して，A君は心理的に成長し自分らしく生きることを考えはじめるようになった。当初は母親と一緒に人目を避けてタクシーで来所していたが，下痢に対する不安もなくなるにつれ，徐々にひとりで外出できるようになった。

　A君は今の状態を少しでも改善したいという思いで心療内科を受診し，筆者との面接においても積極的な態度が見受けられた。何とかしたいと思いながら

も外部からの援助をなかなか受け入れようとしない青少年が多いのが、ひきこもりへの対応の難しさである。そのような場合、家族を通して間接的な援助を根気強く続ける対応が一般的に多くなる。

(b) 家族を通しての間接的な援助

> 【事例】B君（20歳，男性）。名門の中高一貫校を受験するため，B君は小学4年生から塾通いをはじめた。両親からは中学校に入れば楽ができると言われ、大好きだった少年野球をやめさせられて受験勉強に励んだ。しかし入学したものの、予習や宿題に追われる日々でけっして楽ではなく、野球部に入る余裕すらなかった。高校に進学する際、公立高校へ移り好きな野球をやりたい、とにかくゆっくりしたいと両親に言ったが取り合ってもらえなかった。もやもやした気持ちをもちながら内部進学をしたが、高校1年の2学期から登校しようとすると頭痛がひどく、嘔吐をともなうこともあった。かかりつけの医者から「自律神経失調症」と診断された。最初、両親は疲れが出たぐらいにしか考えていなかった。しかし体調が回復しても学校には行かず、一日中寝て、起きていても無為な生活をするだけで、外出することもしなくなった。怠けから学校へ行かないでいると思っている父親が強く登校を促すようになった頃から、両親、特に父親との接触を避け、自室にひきこもり、昼夜逆転の生活をするようになった。医療機関へは母親のみが相談に行っていたが、本人を連れてくるように言われ断念した。その後B君のようすは改善せず、ひきこもった状態が1年近く続いた。B君の将来を不安に思い両親が来談し、面接が開始された。

過剰適応してきたB君はひきこもることで親とは違う自分の歩む道を模索しはじめたようである。同時にまわりから自分だけが取り残されていく不安や焦りを感じ、また引け目などもあり今の状態から脱したいと思いながらも、他者に援助を求める行動には移せないようであった。ひきこもる彼への援助として、斎藤（1998）が指摘するように「本人と家族、また家族と社会というそれぞれの接点を十分に回復させなければならない」ということを念頭におき、両親の面接をすすめた。両親面接ではB君との接点を探すところからはじまり、その接点をいかに太くできるか、また彼がひきこもることによって両親に何を訴えかけているか、どのようにすればB君を援助できるかを中心に面接をすすめた。当初、両親からは「子どものために○○してきた。その結果…」という表現が目立ったが、面接がすすむにつれ「私たちのエゴで子どもに○○させてきた。その結果…」というふうに両親が自身を見つめ、今までのB君へのかかわりを考えるようになってきた。両親がB君のひきこもる意味を考えるようになった頃から、B君自身、両親に対して自分の思いを徐々にではあるが語るよう

になってきた。両親との接点がしだいに回復し太くなるにつれ昼夜逆転の生活も改善され，自分の進路を考え，動き出せるようになってきた。

　このように，この事例は，両親それぞれが自分の生き方を見つめる作業を通して家族力動が変化し，間接的であっても，ひきこもる青少年への援助が可能となったよい例であると考えられる。

(c) ソーシャルワーク的援助

　次の事例は，保護者の面接に加え，ソーシャルワーク的な援助を行った事例である。

> 【事例】Cさん（15歳，女性）。中学2年の時，クラスメイトから嫌なことを言われたのをきっかけに学校へ行けなくなり，外出もできなくなった。両親が学校のことを口にすると精神状態が非常に不安定になり，両親もそのようすから学校のことは何も言えなくなった。担任や親友の訪問にも心を閉ざし会おうともしなかった。趣味であるピアノを弾くこともせず，身体のだるさや肩の張りを訴え，家では一日中，母親のそばにいる状態が続いていた。Cさんの将来を不安に思い，筆者のところに母親が来所し面接をはじめた。さらにCさんの状況を聞きメンタルフレンドを派遣することになった。

　派遣したメンタルフレンドは大学で心理学を学んでいる女性（20歳）であり，派遣当初，Cさんはメンタルフレンドに拒否的な態度を示していた。しかしひとりっ子のCさんにとって年齢も近いメンタルフレンドはお姉さん的な存在であり，また趣味のピアノをメンタルフレンドと一緒に弾いたことから，すぐに打ち解けあうようになった。ピアノだけでなく料理も一緒に作り，買い物にも出かけられるようになった頃には，だるさや肩の張りの訴えはなくなった。登校しなくなってからまったく見ることもなかった教科書を開け学習するようにもなった。今までは両親の言うことに逆らうことがなかったCさんが，自分の思っていることを両親に主張できるようにもなってきた。親友の訪問にも嫌がらず家で遊ぶこともできるようになり，Cさん自ら両親に学校のことを話すようになった。

　Cさんはメンタルフレンドとの交流を通して人間関係づくりの練習をしはじめ，メンタルフレンドと共に行動しながら自己を見つめる作業をすすめ，さらに自己主張できるようにもなった。それが身体症状の改善や積極的な態度の変容につながったのではないかと考えられる。Cさんとともに歩んだメンタルフレンドの果たした役割は大きく，ひきこもる青少年への対応のひとつとして，

このような役割を取る援助者の導入を考えることは重要であると思われる。

　本事例のメンタルフレンドの導入に際しては，事前の研修として「カウンセリング基礎」「不登校について」「応答訓練」などを行った。またメンタルフレンドは当初，Ｃさんから拒否的な態度をとられたことで，信頼関係が築けるだろうかといった不安感や焦燥感，そして無力感を抱いていた。そうしたメンタルフレンドを支援するためにも，また援助の方向性を見失わないためにも，事後の指導としてスーパーヴィジョンを継続して行った。

　心身症とは診断されないながらも，心気症や転換ヒステリー，仮面うつ，やせ症等々，身体面の異常徴候としてあらわれる思春期・青年期の心理的な問題は少なくない。顔や身体の特定の部位に向けられた身体違和感の執拗（しつよう）な訴えは，自己の完全さへの要求や自己像の傷つきを映すことがしばしばある。ひきこもる彼らが示す身体症状には，それが象徴としてあらわれていることも考えられ，どの臓器にどのような症状があらわれるかについても重要な意味合いがあり，その症状を単に消失させればすむというような単純な問題ではない場合が多い。

　小柳（2002）は，ひきこもるの"こもる"には，「隠る」と「籠る」の２つがあって「籠る」は，寺社に参籠（さんろう）し祈る意味であるとし，彼らは，ひきこもりによって，「自分というつきあいにくい他人」とのつきあい方を模索しているのであるという。つまり，ひきこもりには，自分を見つめるための行のような積極的な意義のある場合がある。もしくは，国内平定の戦さ（いく）のために外に対しては鎖国体制を敷かねばならない国のようだ，と言えるかもしれない。

　このような視点を含め，青少年が示す身体の症状を援助者がどのように理解するかが大切であろう。その症状を示すことによって彼ら自身が救われたり，またそれを必要としている場合もあることを心に留めておく必要がある。

4　対人恐怖

　第２章第２節４項で登場した英男さんも香さんも奈緒さんも，感受性豊かな青少年だった。しかも，自分には休むことが必要だとどこかで感じており，その信号をキャッチできる力もあった。自分で自分を立て直す力をもっていると

筆者には思われた。ただ，本人たちはそれにはっきりと気づいていたわけではないので，苦しい孤独感や孤立感，寂しさや不安感に襲われていたのだが。そのような青少年に大人はどのように対応したらいいのか，どうしたら心の支えになれるのだろうか。

　その対応について，精神科医の皆川（1993）は次のように言う。「思春期・青年期の若者が大人になる過程は『濁流渦巻く谷川を渡るようなもの』である。だから大人の対応は『谷川を渡って大人の世界に来るかどうか，子どもの決断を待つことである』」。また中沢（1992）は，小児科医と精神科医の経験から思春期・青年期の若者を「崖登りを素手で登っていくようなもの」とたとえ，大人の対応については『子どもが登ることに疲れた時に，そっとその足元に手をあてて，休ませてあげることだ』と説く。谷川の濁流とか素手で崖登りといったたとえからも思春期・青年期の心理的危機状況が浮かんでくる。そのような若者に対応するには，子どもに寄り添いながら子ども自身の成長を待つしかないし，それこそが重要なのである。大人の側に凛として毅然とした態度・姿勢と温かいまなざしが必要である。このように書くと数行で終わるが，その若者を目の前にして「待つ」ことは，実際は厳しいものである。大人の方が焦り不安などが生じてくるので，それをコントロールしなければならない。

　筆者は臨床心理士で，医療領域の精神科医よりも青少年たちと現実に近い場面で出会うことが多かった。週1日の非常勤のスクールカウンセラーとして学校内の一室で出会う。また個人開業の相談室場面などである。そのような経験から，「対人恐怖」の場合の親の対応と青少年をとりまく大人の対応と筆者の対応について述べてみたい。

　まず親の対応であるが，思春期という心の発達段階を理解してほしいということである。思春期は，子どもから大人へと大きく変化していく重要なポイントである。自分というもの，社会のなかの自分というものを意識しはじめ，行き過ぎて自意識過剰となることもある。しかし，それは順調な発達を遂げているということである。この事を心に留めておいてほしい。今まで明るく元気で素直だった子が，急に沈んだりしゃべらなくなってくると親は心配するものである。何でも相談してきた子が何も言わなくなる。子どもの心の成長が早くて，なかなか親は昔の子どものイメージを修正できない。親は子どもを妊娠してい

る時期から，子どもに自分の夢や期待を抱き続けるものである。しかし，実際の子どもの現実を前にすると徐々に修正を余儀なくされる。思春期とは，親も子どもに対するイメージを修正していく時なのである。特にひきこもるということは，一時撤退して自分で自分をたてなおそうとしていることに他ならない。そのことを信じ見守ることが重要である。

　次に，そのように順調に発達している場合は，親の対応は今までと，そう変えないでよいのである。親は子どもが赤ちゃんから大人になるまでさまざまな苦労や心労をして育ててきたし，これからもそれは続くことになる。ただ，「いよいよ親と子の別れのきざしがみえはじめたんだ」というくらいの覚悟はもっていてほしい。子どもが何でも親に相談して，親がアドバイスしていた，その時期はそろそろ終わりにきているわけである。今度は子どもが自力で解決できるように，自力で解決できたと思うことができるように陰に回って応援するのである。かといって，子どもに何もしないということではない。親がよいと思うことをすればよいと思う。たとえば，「自分が子どもの頃，先生にあてられると思うとどきどきしたり，好きな子を見つけると顔が赤くなっていた」などという自分の体験を話すことは，意外に子どもの役に立つことがある。子どもからみたら親は人づきあいがよくて社会人としてりっぱな存在にみえる。だから，子どもの頃もそうだったに違いないと思っている。親の告白は，自分が今のような緊張感や葛藤を持ち続けてもいいという安堵感となるのである。ただし，親は自分の体験談に子どもが安堵したような顔を浮かべたからといって，それを何度も話すのは問題である。その話は色褪せてしまい，害にすらなる。親自身の感受性が問われるともいえよう。子どもにとって思春期・青年期は試行錯誤の連続である。ならば，親も子どもへの対応は試行錯誤の連続であってよいと思う。

　ここで，ある保護者が下さった手紙を許可を得て引用したい。高校2年生の子どもの不登校のことで相談に来られた方である。1回しかお会いしなかったが，その1年後に手紙をいただいた。この方の親としての自責の念や迷いが伝わり，それでも子どもを信じ見守っていこうとする意志や覚悟などを教えていただいた思いがしたものである。

……息子の不登校がはじまってからちょうど1年がたとうとしています。3年進級までは果たしたものの，限界だったようです。卒業可能の時期が6月初めだったのですが，ぎりぎりまで何とかしたいと思っていたようで苦しんでもいました。私たちも彼の願いに沿いたいと思い，焦ってもいたのですが，それもむずかしいことだとわかった時点から気持ちをすっかり切り替えました。……彼の能力と向上心を信じる気持ちは，不登校がはじまってからも以前も今も変わりありません。だから待てると思うのですが，ただ，その時々の効果的な声のかけ方があるのかもしれないという迷いはあります。でもそれも私たちの生活のリズムや価値観に沿って，無理なく自然に接することで伝えていけばいいのだろうと今は考えています。そして，今は，いつどんな形で始動するのかを楽しみに待っていようと思いますが，この気持ちがどこまで持続するかわかりません。とにかく，こんな風に揺れながら，それでいてのん気に毎日を送っていますことをお知らせします。子育てのいつかの時期にきっと何かのつまずきがあったのでしょうが，そのことを親子で語れる時がくることも楽しみにしていようと思います。

　以上，親の対応について述べたが，次に若者たちをとりまく大人の対応について述べたい。基本的には親の対応と同じである。何も特別なことが必要なわけではない。第2章であげた3人の若者の事例をもう一度ふり返りつつ大人の対応をみてみよう。それぞれにひきこもりから一歩を踏み出そうとした時に，幸運なことに「いい大人」と出会っているのである。大学生の英男さんの場合は，アパートまで訪ねてきてくれたゼミの先生がいた。「おもしろい先生」と英男さんがいうように，特に心理学や学生相談を学んでいるわけではなく，英男さんに関心を寄せなんとか大学に戻ってきてほしくて，先生自身の生き方や考え方を披瀝しただけである。

　高校生の香さんは，行動面から見ると学校には通学している。ただその場所が保健室なので，ひきこもりとはみえないかもしれない。けれど彼女は心理的には同性の友人の集団に入れないし，実際行動面でも集団からひきこもっていたのである。香さんの場合は，教室にもどるきっかけとなったのは，保健室の先生との話であった。特に香さんに個人的にカウンセリングをするというわけではなく，日常的な会話をしたり雑談をしたりしながらの話である。もちろん自分の悩みをうちあけてはいたが，それは保健室に来はじめた最初の頃だけであった。保健室の先生は香さんが教室にもどる時に，とても具体的な香さんにもやれそうだと思うようなことをアドバイスしたのである。つまり，まずはなるべく笑顔であいさつすること，それ以上何かしようと思わないこと。それだ

けである。

　中学生の奈緒さんの場合は、「ふれあい教室」で若い女の先生が自分の好きな英語を教えてくれたことである。それがふれあいに行き続けるきっかけとなっている。

　このように、ひきこもる以前の生活にもどっていく時に教師やまわりの大人の果たす役割は大きい。いずれにも共通しているのは、それぞれの教師がアドバイスしたのが、ひきこもりの終わり頃だったということである。教師が話した内容はそんなに特別のことではない。他の教師も言うようなせりふである。同じせりふでも、それが青少年の心に響いたのは、その先生の人柄や真摯に向き合う姿勢などが伝わっていたからだと思われる。さらにそのせりふを言うタイミング・時期の問題も大きい。これがひきこもりのはじめの頃に言われたとしたら、おそらく心が傷つくだろう。一時的に自分の殻の中に閉じこもっていたい、薄暗がりで自分の傷をなめて癒したいと感じている時に、逆に太陽のもとに引きずりだして、傷をさらに深めることになってしまうだろう。

　最後に、筆者が臨床心理士としてどのように対応したかについて述べたい。中学生の奈緒さんとは、よく話をした。というより、奈緒さんがよく話しよく笑いよく泣いた。筆者は奈緒さんの感受性の鋭さに魅了された。自分を黒いビニールのごみ袋にたとえたのはあまりに的確であった。そして奈緒さんが描いた漫画をみせてもらってはその才能に感心していた。「奈緒さんの感性が社会で認められ彼女が楽に生きられるのは、もっとあと、大学生になってからだろうか」「今の中学生の集団では、彼女はつらすぎるかもしれない」とそんなことを思いながら話をしていたのを思いだす。

　香さんとは、学校の中でスクールカウンセラーとして1回きりしか会っていない。しかし保健室の先生からは毎週のように話を聞いていたので、ずいぶん個人的に親しい感じをもっていた。スクールカウンセラーとしての筆者の役割は、直接に香さんとひんぱんに会うことではなく、保健室の先生の支えになれればということであった。それがひいては香さんへの支えともなってほしい。保健室の先生は、生徒が身体の不調を訴えたり学校への不満をぶつけたりなど、入れ代わり立ち代わり入ってくるので、その対応に追われている。それに加えて保健活動や健康測定などの事務処理もあり忙しい。そのような時に、自分から

強く訴えてこない，ひきこもっている生徒には関心があまり向かない。話しても波長をあわせるのが難しくなる時がある。自分をふりまわしてくる生徒の対応におわれ，ひきこもりの子とはいつのまにかあまり積極的にかかわらないようになってしまう。それに気づくと，不安になったり自責的になったり，これでいいのかと熱心な先生ほど悩むことがある。そのような時にスクールカウンセラーとともに，「今の彼女にとって必要なものは，見守ってくれている人のもとでひきこもれる空間，すなわち保健室と保健室の先生である」ということを再確認しあうのである。

最後に英男さんとは，定期的なカウンセリングを行っていた。彼はすでに自分で決心して人間関係を築こうと，社会に飛び込んでいた。自分の力で動きはじめていて少し驚いた。カウンセリングでは，父と過ごした過去のエピソードを幸せそうな笑顔で話したり，怒られたことなどを嫌な顔で話すこともあった。かと思うと，その話はまったくせずに将来への不安や自分の現在の行き詰まりの状況などをぽつぽつと話すこともあった。「ひきこもり」の問題が解決するということは，単に学校に行けるようになったり，アルバイトをして人と話せることだというのは短絡的すぎるであろう。過去をふり返り自分の足元を確かめ将来を見据えるといった，苦しいけれど実りのある内的な心の作業が行われているのである。その大切な作業をしている青少年を支え同伴することが，カウンセラーの役割なのである。

人が怖い，どう思われているか気になるという青少年，そのなかでも自分で自分の葛藤を感じ続け，抱えていける青少年たちに対しては，大人はまず，若者の自己成長力を感じとる力が必要である。そして青少年のひきこもりを見守ること，また子どもが必要とした時にいつでもそばにいること，それと同時に，「働くことの喜びや苦しさ，人とのかかわりの楽しさや難しさ」を子どもに感じさせていることが必要なのではなかろうか。

5　不登校

1——不登校という現象に対する捉え方

子どもたちにみられる"問題行動"とされる現象も，よく考えるとそこにあ

る種の"意味"がこめられていることが少なくない。たとえば、いじめをしている子どもの面接を続けていると、その子が家庭で虐待を受けていたり、不当なストレスを抱えており、その発散のためにいじめに走っているということがある。また、教師に対する反抗も、「先生にもっとかまってほしい」「自分のことをもっと心配してほしい」という気持ちの表現であることもある。このように、子どもたちの心の問題はいろいろなかたちを取って表現されるのであり、そのため、問題とされる行動（不登校やいじめ、反抗など）だけをなくせばそれですべて解決するというものではない。

　表面的な問題の解消でなく本質的な解決をめざすには、子どもの問題行動について、それがどういう"意味"をもつのか、その行動を通して子どもたちが何を訴えようとしているのかを考えることが重要である。「わがままだ」とか「怠けている」という言葉で切り捨ててしまっては、子どもは大人へのアプローチをあきらめてしまう。表面的な"問題"にごまかされるのでなく、行動や症状の裏にある"意味"を理解すること、行動の裏に子どもからのSOSを読みとるという見方が大切だといえる。

2───不登校への支援の目標

　不登校の子どもたちへの支援策としては、これまでさまざまな取り組みがなされてきた。1960年前後、不登校が問題になりはじめた頃は、「学校恐怖症」として精神医学の治療対象として研究がすすめられてきた。他方、学校現場では「学校に行けない」心理はなかなか理解されず、怠けやサボりという受けとめ方をされることも多かった。

　不登校の背景にある原因も多様で、特定することは難しい。多くの要因が複雑に絡まりあい、ひとつの結果として不登校という現象が生じていることも多い。また、表面上は不登校という子どもの問題として浮上しているが、深く探っていくと家族の問題や学校の問題が見えてくることもある。外から見ると、ひきこもってしまい完全にエネルギーがダウンしたかたちであっても、内的には〈自分さがし〉や〈自分づくり〉という大きな作業をしているケースもある。不登校という状態に込められた"本当の意味"に目を向け耳を傾けるべきとされるゆえんである。特に、不登校のなかでもひきこもり状態にある段階は、身

体レベルでも社会的にもマイナス状況にあると思われがちである。しかし，ひきこもることで自分を守り自分の内面にぶつかる作業をしているのだとすれば，積極的にそれを保障するようなかかわりも必要であろう。

　したがって不登校の支援にあたっては，表面的な原因探しに終始しても意味はない（もちろん，明らかにいじめや教師との関係に原因があるとわかっている場合は，その問題を取り除くことも大切である）。学校に行かないという行動で何を訴えようとしているのかに目を向けることが必要である。不登校支援の目標は「学校に行くこと」だけではない。親や教師などまわりの大人たちが学校に行くことのみに関心を奪われているあいだ，子どもたちは「すくみ反応」（梅垣，1988）からなかなか抜け出せない。

　一方，多くのケースにかかわっていると，ひきこもることもなく（すなわち，学校や社会という刺激に対して拒否反応をせず）「行きたくないから行かない」というように，自ら不登校を選択するケースも増えている。もちろん，その子どもの意志で学校に行かない生き方を選び，それを貫く力をもっている場合は，支援（相談や治療）の対象ではないであろう。そうした子どもたちには，その生き方を支持し，それが貫ける環境を用意する手伝いをするだけで十分である。他方，ひきこもりをともなうケースにも，〈蛹（さなぎ）〉としてのひきこもり（つまり成長に必要なひきこもり）であることもあれば，社会能力の未熟さや協調性のなさからくる安易な逃げの場合もある。前者についてはじっくりひきこもりができる時間と場所を保障し，後者については小さなハードル（葛藤）を用意し，一つひとつ乗り越える練習に伴走する人が必要になる。ただし，成長に必要なひきこもりか否かを判断することは難しい。その判断を誤ることにより，本人をよりつらい状況に追い込んだり，逆に不登校状態を必要以上に長引かせたりということが起こり得る。

3──登校刺激について──"見守る"と"見捨てる"の違い

　学校現場では，不登校の子どもたちへの対応に悩むことが多い。教師がとれる手段としては，電話連絡や家庭訪問，クラスの友だちを訪問させるなどがあげられる。しかし不登校が本格的に長期化してくると，頻繁な家庭訪問は難しくなる。その場合も，できれば電話連絡などを密にしつつ，保護者や子ども自

身が「学校から忘れられてしまった」という不安をもたないように配慮することが肝要である。場合によっては，今は登校刺激はよくないのでそっと見守ろうという考えから連絡を控えることもある。しかし，この"見守る"という態度は，本人（教師）は見守っているつもりでも，相手（子どもや保護者）にはそれが通じていないことも多い。特に学校を休んでしまっている子どもや保護者にとっては，「何も連絡がないこと」＝「忘れられた，見捨てられた」と悲観的に考えてしまうこともある。できれば，「見守っている」という教師の自己満足に終わるのではなく，それをさり気なく直接・間接に相手に伝える努力は続けたいものである。

　また，不登校の子どもにとって，学校の授業に遅れるということは大きな不安のひとつである。学校から離れている時間が長引くと，「今，学校ではどんな勉強をしているのだろうか」「どんどん遅れてしまって，もう追いつけないのではないだろうか」といった不安が大きくなってくる。あるいは，徐々に元気になり学校に行ってみようと思いはじめた時にも，学校の授業の進度は気になるものである。そういう不安に対しては，クラスメートなどを通して配布物を届けたり，定期テストの前にはテスト範囲のプリントを届けたりするという配慮も大切であろう。もちろん，子どもの状態によっては，そういう届け物に拒否反応を示すこともある。登校刺激がその子どもにどのような影響をもつのかを見きわめながら，教師にとって可能な限り，連絡を続ける努力はしたいものである。ただし，毎日家庭訪問や電話をするにしても，そこに無理があり，途中でやめてしまうことになっては，子どもや保護者に〈見捨てられ感〉を与えてしまう。それでは，それまでの苦労が逆効果である。訪問や電話については，継続することに意味があるので，教師自身にとって無理のない対応方法や継続可能なペースを心がけることが大切だといえる。

4 ── 不登校対応のさまざま

　このように多様化する不登校であるが，それに対する対応策もさまざまなかたちで展開されている。1960年前後では，児童精神科医により治療対象とされてきた不登校であるが，その後，不登校人口の増大とともに学校現場で教育問題のひとつとして対応が求められるようになった。そのなかで，「甘え・怠

け」と見るか,「内的成長に必要なひきこもり」と見るか,教師のなかでも意見の対立が顕在化することとなった。1990年代に入ると,不登校を特別な病理(個人病理・学校病理・家庭病理)に帰する原因論よりも,存在することを前提とした対応策を充実させる方向へと大きな展開がみられた。公的な相談機関(病院や教育センター,児童相談所など)での治療・相談業務に加えて,対応の場も対応方法もますます多様化しつつある(参考までに,中学3年生時に不登校生徒が利用した施設の分布を図3-1に示す)。

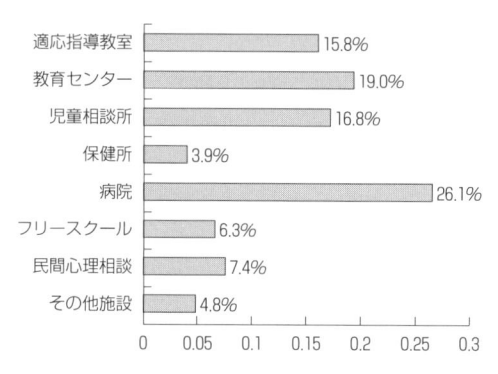

施設	割合
適応指導教室	15.8%
教育センター	19.0%
児童相談所	16.8%
保健所	3.9%
病院	26.1%
フリースクール	6.3%
民間心理相談	7.4%
その他施設	4.8%

図3-1 中学3年生の時の利用施設内容(現代教育研究会,2001)

そこでまず紹介したいのは,グループ活動を中心とした不登校対策である。フリースクールや適応指導教室などによる居場所の提供がその一例である。それらの教室では何人かのスタッフ(教職経験者もいれば,心理系スタッフで構成されている場合もある)がチームを組んで,不登校児への対応にあたる。プログラムも,勉強(個別／集団)やスポーツ,陶芸や料理などと多様である。このようなグループ活動の第1のメリットは,仲間間で相互作用ができるという点にある。不登校の子どもたちが抱えるつらさのひとつに,苦しみを共有できる仲間がいないという思いがある。親や教師からも"怠け者"扱いされてつらい思いを抱えている子どもも多い。そういう孤立した子どもたちが,自分と同じ"心の傷"をもった仲間と出会い,苦しみを共有する。親や教師,カウンセラーのような"大人"ではなく,自分と同世代の子どもたちと接触し,"小さな学校"を追体験することで大きな癒しにつながることもある。仲間との出

会いを通して大きな変化を遂げていく子どもたちを見ていると，不登校の子どもたちも学校に代わる自分の居場所を求めていることがよくわかる。"小さな仲間関係"のなかで，人とのかかわり方を練習できる"小さな学校"が必要とされるゆえんである（伊藤・本多，2000）。適応指導教室については，通室者のフォローアップ研究からも，その成果と意義が認められている（本間・中川，1997；中川ら，1997など）。

　もうひとつの実践例は，メンタルフレンドの活用（厚生労働省のひきこもり・不登校児童福祉対策モデル事業のひとつとしてはじめられた"ふれあい心の友派遣事業"）である（児童相談所の児童福祉士による指導の一環としてはじめられたが，制度も内容も多様化している）。その目的は，ひきこもり・不登校児童に対し，児童の兄または姉の年齢に相当するような児童福祉に理解と情熱を有する大学生などを派遣し，児童とのふれあいを通じて児童の福祉の向上を図ることにある。このメンタルフレンド事業には"児童の人間関係の広がり，活動性の高まり"が大きく期待されているのであるが，実際にこの制度を活用した事例からも，メンタルフレンドとの対話が，ひきこもりがちな不登校児に"社会の新鮮な風を吹き込む窓"となったことが報告されている（伊藤，1998）。今後，ひきこもりの増加とともに"心の友"としての訪問指導員の派遣が拡充していくであろう。ただし，ひきこもっている状態の子どもたちのなかには，重い悩みや病理を抱えている場合も少なくない。メンタルフレンド自身がそれに巻き込まれ対応に苦慮するケースもある。そのため，メンタルフレンド自身のサポート体制についても今後に残された課題であると考える。

　これら以外にも，キャンプ療法で効果をあげたという報告や，新しい交流手段として電子メディアを使用するという取り組みもはじめられており（仲田・小林，1999），不登校対策そのものも拡充されつつあるといえる。これらの実践例からも明らかなように，不登校の子どもたちにとって同世代の仲間との交流がいかに重要で，心の居場所を確保することが求められているかがうかがえる。「学校に行かなくてもいい」と割りきる前に，その子どもにとって"仲間"がいるのかどうか，どこが"居場所"になっているのかを確認しておきたいものである。

　以上のように，不登校についていくつかの話題を提供してきたが，ここでふ

れたことは多様化する不登校対応策のごく一部にすぎない。今後は，対症療法的な対応だけでなく，ふだんの学級活動のなかにグループ・エンカウンターなどの手法を取り入れたり，子どもたちの社会性や人間関係能力を向上させるためのソーシャル・トレーニング，さらには子どもたちどうしの力を活かしたピア・サポート活動など，予防的な観点からの教育実践にも展開がみられていくと思われる。

　不登校は個人の病理ではなく，そこには家庭，学校，社会すべてを含み込んだ問題が投影されている。現代の社会全体が間接的な対人接触で成立してしまう今日，子どもの世界だけでなく大人社会も含めて，人間関係のあり方について思いをめぐらせてみるべき時代が到来しているのかもしれない。

Column ⑫ 不登校のその後

　学校に行きたくても行けないという不登校とよばれる現象は，1950年頃からみられるようになった。その数は年々増加し，現在では一般的に知られるようになった。不登校の原因や状態については，これまでに多くの調査や研究がなされ，不登校の原因や特徴は，明確になりつつある。不登校の期間は数年以上と長期にわたる場合が多い。義務教育ではない高校生の不登校の場合では，退学せざるを得ない場合も少なくない。では，不登校を経験した者は，その後，どういう経過や進路をたどり，そして，どのように暮らしているのだろうか。不登校のその後の経過や状態については，あまり知られていない。

　筆者は，これまでに数十名の不登校経験者に会って話を聞く機会を得た。その話の中から，それぞれの人が，実にいろいろな進路をたどっていることがわかった。不登校の後，元の学校に戻った者もあれば，戻らなかった者もいる。不登校をしていた学校を卒業あるいは退学してから，すぐに就職や進学をする場合もあれば，そうではない場合もある。就職の場合には，さまざまな職場が考えられるが，最初に決めた職場で働きつづける者もあれば，自分にあった職場を探し求めて，転職する者もいる。アルバイトを続ける者もいる。進学では，全日制，定時制，通信制と多様である。高校へは通わず大学受験資格を検定試験によって得たうえで大学に進学する場合もある。学校へは行かず，家で過ごす者もいる。いろいろな進路のなかで，不登校という苦しみを乗り越えたうえで安定し落ち着いて暮らしている者もいれば，学校にこだわり続け悩みながら不安定な日々を過ごしている者もいるが，前者のように適応的に暮らせるほうが好ましいだろう。この二者に対しては，元の学校への再登校をしたかどうかよりも，本人の心理的な成長や変化，学校だけに限らないさまざまな場面での社会的適応など，再登校以外の多くのことが関係しているようである。

　不登校については，「早く学校に行かせないといけない」と，再登校にこだわる人が少なくないが，果たしてどうだろうか。再登校にこだわり，無理な登校刺激に終始すると，本人を苦しめるだけの結果になりかねない。不登校を乗り越えて適応的に暮らしている不登校経験者やその母親たちからは，「不登校の経験を通して，いろんなことを学んだ」という声が多く聞かれた。その人たちは，不登校をマイナスの経験として捉え続けるのではなく，その苦しみを乗り越えていったようだ。乗り越えたからこそ，安定した暮らしにつながったのだろう。したがって，不登校児（者）への援助には，学校に戻るかどうかという点だけではなく，彼らの心理的成長に目を向けなければならない。大切なのは，不登校という苦しみを乗り越えていくことだろう。

Column ⑬

ひきこもる青少年への援助の実践例①―日常のなかでの援助

　ひきこもり状態にある青年は、その名が示すとおり、外の世界と接触を保つのが難しい。各地の教育相談機関、児童相談所、病院などでひきこもりに対する相談や援助を行っているが、相談や治療に行くことすら難しい状態にある。「人に見られるのではないか」「外に出るのが恐い」「相談に行く必要がない」など、いろいろと理由があるが、そのような不安や葛藤に打ち勝って、本人自身が相談機関や病院に行ってみようと思えることが、ひきこもり解消に向けた最初の、そして非常に大きな第一歩である。

　相談機関や病院の支援の多くは、自宅で生活をしながら、週1回程度の面接や診療を通して行われる。かかわりの方法はさまざまであるが、本人を脅かさない安定した関係のなかで、カウンセリングを行ったり、少人数のグループ活動を通して、対人的経験や日常生活の幅を広げる経験を援助したりしている。このようなかかわりは、外の世界との接触や対人的経験をゆっくりと増やしていくので、本人にとっては比較的無理が少ないものであるが、外の世界に出て、対人関係をつくることが困難な彼らにとっては、週に1回の面接ですら苦痛や疲れを感じる場合も少なくない。

　筆者がかかわったA君も、面接のはじめの頃は、なかなか安定した関係が成立せず、面接の予約をしても当日になってキャンセルしたり、「面接に行きたくない」と数か月も来談しないことが続いた。その間も、けっして無理強いはせず、手紙などのかかわりを通してA君との接触を保つよう心がけた。筆者の誘いかけで、再びA君は来談するようになったが、面接では非常に緊張したようすで、話をすることはほとんどできなかった。ゲームなどをしながら、一緒にいても緊張しないでいられるようになることからはじめ、面接を積み重ねるなかで、A君はゲームのなかで攻撃性を出したり、自分の弱い部分を表現することができるようになり、筆者との安定した関係がつくられていった。

　このように、ひきこもりの青年は、他者との安定した関係をつくるのに非常に時間がかかる。自分が相手にどのようにみられているか、自分の感情や欲求を表現してもだいじょうぶかなどを慎重に確かめながら関係をつくっていくようだ。相手のペースに合わせて、焦らず、脅かさずに関係づくりをすることが必要である。

Column ⑭

ひきこもる青少年への援助の実践例②——環境を変える

　コラム⑬では，家庭で日常生活を送りながら相談や治療を受けるときの支援策を紹介したが，生活環境を大きく変化させるやり方もある。野外体験キャンプや山村留学などがそれである。

　このような支援では，ひきこもりの青年は，それまでの日常生活と完全に切り離された環境に置かれることになる。この状況は，それまでの生活がどのようなものであったか，というようなことは問題にならず，すべてが白紙の状態からはじまる。"ひきこもりをしている自分"を引きずらず，"ありのままの自分"・"無理をしない自分"を表現しやすい。また，自然体験などのふだんは経験できない活動が，彼らの主体性を引き出し，自信にもつながる。しかし，この状況では，家族や住み慣れた環境から離れ，他者との関係のなかで生活しなければならない。他の人の視線が気になる，自分のペースで活動できないなどの別の困難が生じる可能性もある。

　筆者は不登校児童・生徒を対象としたキャンプに参画しているが，参加者のなかにはひきこもり状態の生徒もいる。自分の住む地域のなかでは"不登校児"というレッテルにより，自らの行動を制限し，外に出ることもできなかった児童・生徒が，キャンプではそのようなレッテルにとらわれずに，野外活動を楽しんだり，他の参加者やスタッフと交流したりしている。それまでの生活での時間に区切られたペースと異なり，自然の営みに合わせたゆっくりしたペースの活動も，彼らの歩調に適しているように思われる。1回の経験でひきこもりや不登校が解消されることはあまりないが，回を重ねていくうちに，他者との交流や親に頼らずに生活できたことなどに自信をもち，日常生活での活動範囲も広がっていく。

　しかし，本人の状態によっては，そのような生活は荷が重すぎることもある。親と離れることに強い不安を感じる場合や，身のまわりのことを自分でやることが困難な場合などは，このような生活はかえって大きな負担となるだろう。野外体験キャンプなどは，通常2〜3泊の短い期間であるが，山村留学などは数か月に及ぶものもある。これらのさまざまな支援策のなかから，本人のやる気や状態（外の世界に対する関心や活動性など）に合わせて，適切な選択をすることが必要である。

第3節

自立性・社会性を育てる家族・学校・社会——社会への訴えとしてのひきこもり——

　「自立性・社会性を育てる家族・学校・社会」という本節のようなテーマが成立する背景には、「ひきこもり」と自立性なり社会性が関係しているということが想定されていると考えられる。つまり「ひきこもり＝自立性や社会性の未熟さ、もしくは未発達」という前提があり、ゆえに自立性や社会性を育てるために家庭や学校あるいは社会は何をなすべきか、という思考の筋が一本、しっかりと貫かれているように感じられる。そこに漂っているのは、「ひきこもりは悪いことであり、その状態を理解し改善していくために、大人たちは何をなすべきか、もしくは何ができるか」という言葉で総括できそうな感覚である。

　しかし、筆者はこの前提条件を共有していない。ひきこもりという現象はきわめて個人的な問題であると同時に、より広く現代という時代の闇の部分をも象徴している問題である。ではあるが、筆者は大勢の若者たちが、ひきこもりという行為によってしか社会や大人に訴えることのできないメッセージを、家族や学校や社会がしっかりと受けとめることこそ、今求められているのではないかと考えている。そこで、先の前提条件とは別の角度から、ひきこもりという現象の先にあるものを描きだしてみよう、というのが本稿に向かう筆者の姿勢である。

1　ひとくくりにできない「ひきこもり」

　子どもたちのひきこもりをどのように理解し対処するかをめぐって、これま

第3節 ■ 自立性・社会性を育てる家族・学校・社会―社会への訴えとしてのひきこもり―

でに多職種の援助専門家を集めて，さまざまにシンポジウムが組まれたり討論が行われている。本書でも同様にその定義やあり方をめぐって論じられている。しかしいずれの場合も，援助専門家たちが統一的な見解を共有しているわけではない。あらためて言うまでもないが，「ひきこもり」というのは病理ではなく状態像を表す言葉であり，ゆえにそれはひとくくりに語ることのできない，さまざまな質のものを包含している。

ひとつの極には，深刻な葛藤とは直結しないといってもよいようなひきこもりの一群がいる。病的な問題はないか，あってもきわめて薄い。この層に属するひきこもりの人々は原因を解明していくというよりも，むしろしばらく「繭ごもり」というような状態になり，どこかで何かしらのきっかけが得られると，しだいに社会とのかかわりを取り戻していくことが多い。何がしかの問題解決はなされているのだろうが，本人自身もそれを自覚的・意識的な作業としては行っておらず，漠然と水面下で行われているように見受けられる。

その反対の極といってもよいところに，自分の存在の根の部分にまでさかのぼって問題を解決していかなければならない，と深刻に考えている人々がいる。彼らはその解決への作業をきわめて意識的・自覚的にすすめていく。そしてその結果，しばしば「親の育て方が悪かったから，自分はこうなった」と親子関係に問題を集約させ，その問題が解決していかなければ，ひきこもりから脱け出せない，もしくは「この先，自分は生きていくことはできない」と真剣に考えるようになる。神経科で心理臨床家として仕事をしてきた筆者が出会っているのは，ほとんどがこの層に属するひきこもりの子どもを抱えた家族である。

この2つが両極にあり，その間に両極の色合いが割合を変えて混じりあった，いくつかの質の違うひきこもりがあるのではないか，と筆者は考えている。ちなみに，先の2つを非葛藤群―葛藤群と分けたり，健康な人―病的な人と分けるのは間違っている。人は何らかの葛藤を抱えているものであり，不安や強迫など，病理的な問題をともなっている可能性は程度の差はあれ，どの層のひきこもりにもあるからである。

援助の内容も，同じ層のひきこもりの場合でも，いささか「余計なお世話」的なかかわりが本人にとって助けになることがある一方で，「本当に余計なお世話」であることもある。これまでは見守るのがよかったけれども，そこから

先は少し押してみたほうが本人によい，と風向きを変えることは援助の過程で必ずくると考えたほうがよい。当然逆の場合も起こり得る。自助グループへの参加も，早ければよいとは限らないし，待てばよいというものでもない。一つひとつのひきこもりはみな同じではないうえに，援助専門家のかかわり方も，その人のその時点でのありようによって微妙に調整と変化が必要になる。ゆえに定式化させて捉えることが難しい。というよりも「それができない」のが現実である。だから今，自分がどの層のひきこもりの人と会っているのか，そしてどの時期あたりにいる人であるのかということに援助専門家自身が常に自覚的でないと，援助の内容を間違う危険がある。

　ひきこもりという新しい現象を，従来からある診断カテゴリーに押し込めたり，何かしらのタイプに分けることは可能かもしれないが，ここまで述べたようにそれぞれの時期によって援助の内容も方針も変わってくるので，そこには注意が必要である。ひきこもりという現象の本質が把握されていけば，いずれ分類して詳細に検討しようとする段階に入っていくのだろうが，筆者自身は安易にタイプに分けることには，今のところ慎重である。

2　生き方をめぐる惑い

　不登校からそのままひきこもりに入っていく人は確かにいる。しかし不登校は学校とのかかわりで生じるものであり，ひきこもりは社会とのかかわりをめぐる問題であるという点に違いがある。「撤退している」というありようは同じだが，区別して捉えるほうが今日的なひきこもりのイメージを浮かびあがらせやすいように思う。

　高校や大学を出て，社会人になるあたりでひきこもる人たちが，幼少期や思春期あたりの時期に心理的な問題を呈していたかというと，そうでもない。何らかの問題が潜伏して大人になって破綻（はたん）したという場合もあるのだろうが，「何だかわからないうちに，床板を踏みぬいてストンと落ちて動けなくなってしまった」というような人もたくさんいる。では，これをどのように理解したらよいのだろうか。

　学校というのは，よい意味でも悪い意味でも呪縛（じゅばく）であり，枠である。だから

第3節 ■自立性・社会性を育てる家族・学校・社会—社会への訴えとしてのひきこもり—

　義務教育の間は，学校に行きたいとか行けないとか，枠を相手にトラブルが起こる。「それがあるから苦しいのだ」とほこ先を向けることのできる対象が外側にある。それがすなわち学校である。親は子どもが学校に行っていさえすれば一応安心であるために，心理的な動きが起こりはじめると，学校に行くとか行かないということに問題が集約してあらわれやすい，ということもあるだろう。とにもかくにも，今の子どもたちにとっては，「学校に行く」とか「勉強をする」ということは，自分から主体的にそうしたいというよりも，選択の余地のない「しなければならない」ことになっている。それがいっそう学校をそのターゲットにさせやすくしているとも考えられる。

　ところがよくも悪くも縛りとしての学校がなくなり，枠がはずれると，かえってそこから動けなくなる人々がいる。それは枠によって守られ，何とか保っていたものが枠を失うことで姿を現した，ということではないかと筆者は思う。枠がはずれるということは，言葉をかえると「選択の自由ができた」ということである。それまでは親や先生に言われたことをし，与えられた課題や勉強をこなしたり反発していればそれですんだ。もちろん，主体的に選択しながら生きてきた人も大勢いるだろう。問題なのは，そうではなく自分の置かれた状況のなかで漂うように学校生活を終えていく人々のゆくえである。

　学校を出たらこれまでとはまったく違ってきてしまう。自分で判断し，選択し，自分の人生を舵取りしていかなければならない。もしも間違った選択をしたり失敗しても，自分自身の責任である。生きるということは失敗をしないということではない。失敗をした時の立ち直り方や立ち直れなさを体験しながら，自分の弱さや癖を自分でつかみ，自分の人生をつくっていくということである。

　しかし幼少期から「子どものためによいだろう」と思う親心によって，親や大人たちが「これをすれば安全で確実」「間違いない」と与えた道をひたすら歩んできた子どもたちにとっては，自分で体験するとか，失敗から学んでいくというような，大人からすればあまりにもあたりまえの感覚はほとんどない。その体験が欠けている。だから子どもたちが失敗を怖がるのは無理ないし，安全かどうかわからない道を歩くということが想像を絶するほどに不安であるに違いない。そこでどうしたらよいか途方にくれる。それは学校を離れることではじめて直面する，自立をめぐる逡巡といってもよいかもしれない。これはす

でに，教育制度の問題ではなく，生き方をめぐる惑いである。

3 本能レベルでの一時停止

　ひきこもりのカラクリの一番難しい点は，どのようなメカニズムであれ，最初は自分を守るために「自分からひきこもった」はずなのに，しだいに社会とのかかわりがないことが重荷になって，社会に戻りにくくなってしまうということである。出発点では主体的な行為だったものが，いつの間にか立場が逆転し，自分が社会からはじかれ，はみだしているような構図になり，もとに戻ることが困難になってしまう。

　しかし，この最初の主体的な動きという表現は大枠では正しいが，より詳細にみていくと少し違う。その人自身が意図的に選択して行動し，ひきこもったというよりも，もっと切迫した救急措置としての「こころの動き」が本人をひきこもらせる。つまり，先のことはともかくとして，自分を守るために「とりあえず」ひきこもる。だからその主体は本人の意思というよりも，本人の本能のほうにある。ひきこもりを経験した人たちが多く，自分がひきこもった理由をうまく言語化することができずに「何となく……」と表現するのは，本人にも明確には自覚されていない「心の緊急対応」が身体を撤退させる，ということなのではないだろうか。このような「本能レベルでの一時停止」が現代のひきこもりの底辺にある共通要素といえるのではないか，と最近筆者は考えるようになっている。

　さて，ひきこもる子どもをもつ家族には，特有の問題なり病理性があるのではないか，という指摘がしばしばなされる。しかし筆者はそうは考えていない。現代の日本人が抱えている共通した課題をひきこもりの子どもをもつ家族も抱えているとは捉えているが，それは何かしら特有の問題がある家族の子どもがひきこもりやすい，という意味ではない。事態はもっと深刻である。

4 自分につながり，自分にとどく

　では家族との関係，つまり親の育て方の問題へと自分自身のひきこもりの原

第3節 ■自立性・社会性を育てる家族・学校・社会―社会への訴えとしてのひきこもり―

因を収斂(しゅうれん)させていくひきこもりの人々については、どのように考えていったらよいのだろうか。原因を考えてからひきこもり、親に育て直しを求めていく、という場合もあるのだろうが、まず何がしかのきっかけでひきこもり、「どうして自分はそうなったのか」を自問自答していった結果として「親の育て方が悪かったから」という理由にたどりつく、という場合も案外多い。つまり、この「親の育て方が悪かった」という原因は、その子どもたちがたどりついた、自分なりに一番腑(ふ)に落ちる結論であり、こうすると因果関係が明確になるようにみえるので、苦しくはあっても解決への方向性が見えやすくなる。

　筆者自身は、ひきこもりという現象は、その人の社会との関係をめぐる問題であり、その底流に対話する関係の喪失がある、つまり人と人との関係性の原点における問題ではないか、と考えている。個々人は家族のなかの一員であり、家族は社会のなかの一員である。社会とかかわる手前に、家族とのかかわりがあり、同じところに自分が自分とどうかかわるか、という課題がある。

　生きるということは内的に生き、かつ外的世界をも生きることである。人が人とつながるためにはまず、自分が自分とつながっていなければならない。自分につながるということは、自分ときちんとした関係をもつということであり、自分で自分の人生をひきうけていく、ということである。

　長期的にひきこもっている人は、しばしばその十分な時間を自己分析にあて、状況を把握し理解するために使う。ゆえに彼らの分析力や内省力は鋭く、厳しく、ある意味ではその自分についての、そして親の生き方やかかわり方をめぐる理解は的を射ている。では彼らが自分自身とうまくかかわれているかというと、そうでもない。家族との関係についても同様であり、つまり自分や他者と「よりよく」かかわることには、そのままでは寄与しない。彼らの見事な分析力によって明らかにされる考えは、もっともなようにみえながらも、どこか柔軟性と現実感覚に欠けているのである。

　子育てが相互的・互恵的な世界であるという言葉が意味しているのは、養育の受け手である子どもと担い手である親は、対等な関係ではないが、互いに影響を与えあいながら育ちあっていく、ということである。子どもが親の育て方を責めることの正当性、つまり親の側の要因なり問題というものは、たとえば80％か90％はそうだったとしても、すべてではない。5％であれ10％であれ、

115

あるいは1％であったとしても，子どもの側にも原因というよりも要因はある。そもそも両者の関係というものは，互いの個性や持ち味の影響を受けあいながらつくられていくものなのだから……。

とはいえ，「親のせい」で今のような自分になったと思うに至った子どもが自分を生きるということは，その1％なり5％なりという部分である自分のもち味なり個性ともいえる，その時気づいた自分の欠損それ自体をもひきうけて，その部分を補いながら自分自身を育てていかなければならない，ということである。しかしそれはつらく厳しいこと。だからまず，80％なり90％という，親の育て方のまずかった（と子どもが思う）部分について，親に改善なり努力をしてほしいと求めていく。「親のせいでこうなった」と子どもが言葉や行動で訴えていることの内実は，このような事実に「気づいてほしいし，わかってほしい」ということであって「ぜんぶやり直せ」ということではないのだと筆者は思う。時に子どもからのそのメッセージをまっすぐに受けとめた結果，ひたすら贖罪に徹する親がいる。しかし，それはほとんどの場合，かえって事態を悪化させるだけである。

援助専門家たちが「親に気づいて変わってほしい」といっていることの意味もまた，子どもの訴えと同様で，すべてを親のせいにしているわけではないのである。子どもは親が100％変わることを，期待はしていても目標とはしていない。親の根本なり生き方を変えることができないということは，本当のところは子ども自身が一番よくわかっていることなのである。

しかしこう書くと「自分は変われないから，早く自分（親）を見限って，自立していってくれ。それでよいとこの本には書いてある」と読み違える親たちがいる。筆者が伝えたいのは，子どもが変わっていくためには，親もまた「わかろうとする」という協力をしてくれると子どもは助かるということなのである。逆の言い方をするならば，もしも親がそういう協力をしてくれなければ，子どもは自分の力だけで自立していかなければならなくなる。そして多くの子どもが，それでは「自立はできない」と考えているのである。

したがってこの問題への対応は，まずは親が現実をみて，自分の変えられる部分を変えようとすることからスタートできると望ましい。それが子どものひきこもりからの脱却の出発点になる。それは互いの理のある部分について，互

第3節 ■ 自立性・社会性を育てる家族・学校・社会―社会への訴えとしてのひきこもり―

いになじりあったり責任回避をするのではなく，ごまかさずにしっかりと自分の問題についてひきうけようとするということである。筆者自身は，親が変わるということよりも，親と子が同じ目標に向かって力を合わせるというこの共同作業が，子どもが親から巣立ち，社会に参入していくために今，必要になってきているのではないかと考える。そして，ひきこもって悩み抜き，その自分の考えを親に訴えるようになった子どもと，その子どもからの訴えに耳を傾け，解決への道をともに歩みはじめた家族は，ただ子どもがよくなっていくだけではなく，結果として親自身もまた，自分の人生のなかで抱えていた課題を解決していき，より緊密で豊かな家族の関係を育てていく，ということが実際には多い。

しかし先述したように，このような子どもが内省し自己分析を深めていく過程で，彼らの思考はしばしば弾力性を失っていく。ひきこもって自分の内面とだけ向かいあっているので，相対的に考えられずに自分のなかの絶対評価が基準になるということと，現実が遠くなるために，現実感が薄くなるということがこの現象の背後にあると筆者は思う。

一方，親からすると，子どもの言い分はどこかひとりよがりで受け入れがたい部分がある。まるで自分の育て方をまるごと否定されたように聞こえてくる。だからついつい「だって」と反論してしまう。ところがそう言われると，今度は子どものほうが全面的に否定されたと受けとめて，貝のように口を閉ざしてしまう。質の違いはあるものの，問題が顕在化し，長期化している場合には，親も子も極端に傷つきやすく一方的で，葛藤を抱える力が弱化している。「わかってもらう」ためにはエネルギーが必要であるが，ひきこもっている人には「どうせ言ってもわかってもらえない」とあきらめる方向の気持ちのほうが強くあり，それがさらに彼らをひきこもりのほうに押し込んでいく。親もまた，いったいどうわかったらよいのか，わからない。あさっての方を向きあっている大人と子ども……。

「言ってもわからない」かもしれないけれども「言ってみよう」という段階へと進むためには，現実とのかかわりが必要である。それは援助者や自助グループというような本物の人間であっても，インターネットによるかかわりであってもよいのである。自分以外の第三者との，基本的にていねいで，かつ適度

な侵入性をもったかかわりのなかでほどほどに傷つき，ほどほどにわかちあえる体験を積んでいく。それらが彼らの思考に弾力性と現実感覚を回復させる役に立つ。

　人は人とのかかわりの世界に裏打ちされてこそ，せっかく行った内面への探究が意味あるものになる。それが「自分につながり，自分にとどく」ということの内実であり，だから自分の内省だけでは不十分なのである。つまりひきこもるということは，社会とのつながりをあえて絶つことによって自分ともっとうまくつながろうとする試みであり，それは結局は社会とよりうまくかかわれるようになっていく自分になっていく，ということへと続いていく行為であるといえるのではないだろうか。

5　社会の成熟にともなう価値観の変容

　さてひきこもっている人々に対して，「時を待つ」ということが必要であるということはよくいわれている。筆者自身，その考えに基本的に賛成である。しかし現代を生きる大人も子どもも，この「待つ」ということに意味や意義を見いだしにくい。最後にこの問題について考えることをしてみたい。

　私たち日本人は敗戦後，直接目でみて確認できるものに価値をおき，いちがんとなって効率と生産性をあげることを重視する生き方をとってきた。そうだからこそ，これほどまでの経済的な発展と物質的な豊かさを獲得できたといえるだろう。しかしひとつの生き方を選ぶということは，その他の生き方をしないということでもある。敗戦からの復興の陰に私たち日本人がとらなかった選択肢は，すぐに効果を求めるのではなく，「待つ」という言葉で象徴されるような，時をかけてみようとする生き方である。

　自分も他人も何かにせきたてられ，追いまくられるように生きてきた私たちは，いつの間にか，語られた言葉の表面だけを受けとって，早わかりしようとしたり，理屈で感情をねじふせようとしたり，とにかく動く，反射的に反応するというようなことはじょうずになった。しかしその反対に，言葉の意味や意図をじっくりと，心をつかって考えるというようなことはへたになったのではないだろうか。

第3節 自立性・社会性を育てる家族・学校・社会—社会への訴えとしてのひきこもり—

　お互いの心のなかにある，無意識的な思いをお互いに手さぐりしながら，察しあうことを通して言語化していき，徐々に意識化していこうとする試みを筆者は「対話」と考える。対話というものは，語られる言葉とそこに付帯している非言語的なメッセージをも含めて，まるごとで成り立っている。互いの脳がやわらかで，ほっとした，くつろいだ雰囲気のなかではじめて，人は心の扉を開いて，人とわかちあうことができるのだろう。そのためには「時間」がいる。しかし私たちは長いこと，そういう「時間」をできる限り節約して生きてきた。

　実際のところ，ひきこもりに入っていった子どもたちは，とにもかくにも「時間」をぜいたくに使う。従来の価値観からすると，無駄だとしか考えようのない時間の使い方をするのである。たとえば勉強が嫌なら学校をやめて就職するとか，今の学校が嫌なら学校を変えるとか，この仕事がしたくないなら別の仕事に変えてみる，というような思考は，私たち大人にはわかりやすく常識的な思考である。しかしひきこもっている人々は，そういう積極的な思考の転換をしていかない。できないといってもよいのだろうが，「しようとしない」というほうが感覚的にはピッタリくる。彼らがそこであえてとどまり，求め，しようとしていることは，自分自身の生き方の模索であるが，同時に他者とのあいだの心のこもった対話であり，心をたっぷりと使って考え，語り，行動するということであるように筆者は思う。

　ひきこもりから巣立った子どもたちの多くは，ひきこもっていた頃のような時間の使い方はもうしない。多くの場合，昼夜逆転もやめていく。過去をふり返って，「何であんなことしていたのか（してきたのか！）」という言葉を口にする子どもたちは大勢いる。しかしそれは，そういう体験をへて，現在を生きることができるようになったから，はじめて語ることのできる重みのある言葉である。そう考えていくと，彼ら自身も，したくて時間を無駄使いしているのではなく，どうにもならないでそうしている，ということだと思う。それはまるで，敗戦後の日本人がまるごと節約してきた時間を，とり返そうとしているかのようにも見える。私たちは戦後50年，時間を節約し，その時間をどこかに貯蓄してきたのだろうが，貯蓄してきたこと自体を忘れてしまっている。今の子どもたちが使っている時間は，もしかしたら私たち大人が貯蓄してきた「その時間」なのかもしれない。

この問題を別の角度から捉えてみると，私たちはこれまで，知的に優秀であることを頂点とする価値観を共有してきた。よい成績をとること，よい学校に入ること，それがよい会社に入ることを保障する，そうすると幸せになれる，という価値観で走ってきた。もちろんそれとは異なる生き方をしてきた人もいたには違いないが，「人生に成功する」ということの具体的なイメージは，ここに描いたようなことだったといってもさほどはずれてはいないだろう。このような「幸せモデル」はいつの間にか絶対的な真実となって，私たちを縛ってしまい，そこからはみだすことを怖れるあまりに，無自覚に，つまり知らず知らずのうちにそのモデルのなかに自分を押し込め，モデルに自分を強引にあわせていくようになっていった人々も多かったのではないだろうか。ひきこもって人生を模索している若者たちは，「もう，そんな自分を何かにあわせるような生き方なんかしたくない，ありのままの自分でいたい」と表明しているかのようである。しかしそれは大人たちにはわかりにくい。いや，本人たち自身，さほどそう自覚的に訴えているわけではないうえに，親たちの世代が生きてきた基準からすれば理解を越える話である。

　ちなみに，この価値観の変容というテーマは，敗戦後，私たちの中心軸だった経済的自立をめぐっても生じている。大人たちの頭のなかには，「働かざるもの食うべからず」という言葉に代表される，経済的なひとり立ちをもって「自立」であるとする傾向が強く，精神的な自立については，これまでほとんど真剣に考えるということをしてこなかったといったら言い過ぎだろうか。

　今，経済的自立を成し得た親のもとで，経済的には困らない生活を送っている子どもたちが求めているのは，経済的自立と同様に重要な精神的な豊かさであり，「お金だけが人生じゃない」という訴えである。とはいえ，経済的な自立と精神的な豊かさとは実は対立するものではなく，同時に並立共存し得るものである……はずであるのだが。

　価値観は時代と社会の波を受けて変わっていく。私たちをとりまく環境は激変しつつあり，21世紀という新しい時代を迎え，日本のなかの中心軸もまた変わっていく過渡期にあたっていると筆者は思う。くり返しになるが，それにともない大人たちにとって，あまりにもあたりまえで言うまでもなかったことが，子どもにとってはあたりまえではなくなっている。

だからさまざまな「問題」と捉えられる現象を過去の基準で判断し，「あるべき正しい道へと戻す」というような考え方では問題の本質を見誤る。生きる意味は多様であり，人生の価値の置き方もまた，多様である。今起こっている，いわゆる「困ったこと」とくくられていることは，社会の成熟の過程で生じている，必然的なありようなのではないだろうか。子どもをめぐる状況や子どもたち自身が「悪くなっている」と捉える前に，その現象や問題が示している方向や意味しているものは何なのかについて考えてみる姿勢こそ，家庭や学校，そして社会に求められていることなのではないだろうか。

Column ⑮
子どものひきこもりを防ぐ家庭環境

　ひきこもりや不登校は，家族の機能不全に関係しているとする報告が少なくない（たとえば，亀口，1997；西尾，1999）。

　では，どのような家族が機能的といえるのだろうか。これに関してはオルソン（Olson, D. H.）の円環モデルをはじめとする理論やさまざまな測定法があるが，主に，家族成員間で親密かつ自由なコミュニケーションがなされ，明るい雰囲気があり，まとまりがあり，そして，状況に応じて柔軟であるが秩序やルールが明確である家族（たとえば，西出，1993）が機能的であるといえるようである。つまり，互いに自分の考えや気持ちを口に出すことができ，互いに関心をもってそれらを正確に理解し合い，みんなで問題を解決していく家族，家庭での決まりごとをみんなで守る家族，互いに役割がある家族，そして，温かく明るい雰囲気があり，頼りにできる家族を機能的とよぶのである。ここで重要なのは，あくまでも家族全体がこうした機能性を有しているということである。つまり，親子関係のみならず，夫婦関係が機能的であることが子どもによい影響を及ぼす（たとえば，菅原ら，1997；Ladd, 1996）ということを付け加えたい。

　このような機能的な家庭環境で育つ子どもは，たとえ学校でなんらかの不安や恐れを抱くような場面に遭遇しても，ひとりで問題を抱え込まずに家庭内で話し合ったり，あるいは，温かい家庭の中で癒されたりすることで緊張を低減させ，家庭にひきこもることなく，再び外界へと飛び出していけるのである。

　子どもは成長するにつれて，外へと世界を広げていく。青年期，成人期ともなれば世界の広がりにともなって，不安や恐れを抱く場面に遭遇する機会も増えてくる。そのような時，幼少期に不安や恐れに対する克服体験をもつ者は，それが自信となって，ほとんどの不安や恐れを自力で克服していけるようになる。子どもが将来的にひきこもらないためにも，家族は機能的な状態で，子どもに不安や恐れを克服する経験を積ませ，自分に自信をもたせるようにすることが大切なのである。まちがっても，子どもを不安や恐れの環境から遮断したり，親の力だけで子どもの問題を解決してしまわないように気をつけなければならない。

第3節 自立性・社会性を育てる家族・学校・社会—社会への訴えとしてのひきこもり—

Column ⑯ ひきこもりと個室

　子どもに個室（子ども部屋）をもたせることの是非に関する論議は，古くからみられる。最近，青少年のひきこもりや犯罪の増加が注目されるようになるにつれて，再び子どもの個室の功罪が論議されているようである。個室が子どものひきこもりの場となり，家族とのコミュニケーションを拒否する手段となってしまうという指摘もある。しかしながら，ひきこもりと個室の所有や家の間取りそのものとの関連性はみられないというのが一般的である。

　小林（1991）は，青年期の子どもが「ひきこもり」的な行為をとっても，それは発達の一時期の現象であることを示唆している。図にみられるように，「閉じこもり型」が12～18歳で比較的多くみられるが，20歳以上ではみられなくなることは，興味深いことである。これまでの調査・研究を概観すると，個室の存在自体が問題行動の原因になっているのではなく，「問題行動をもった子どもが不適切に部屋を使用し，結果的に部屋の存在が問題行動を温存することになる」（小俣，1997）と考えられる。

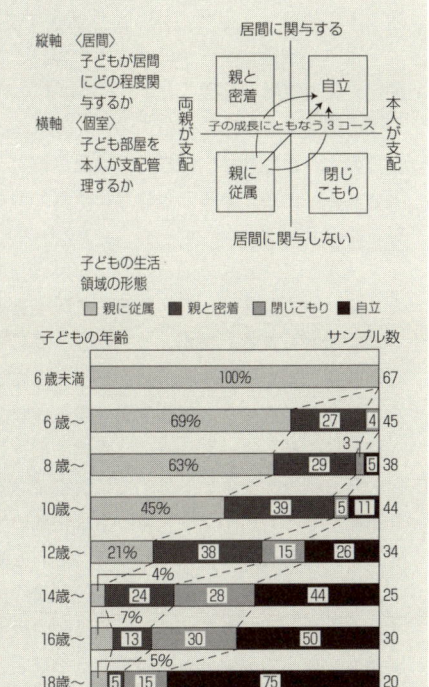

縦軸〈居間〉子どもが居間にどの程度関与するか
横軸〈個室〉子ども部屋を本人が支配管理するか

居間に関与する／居間に関与しない／両親が支配／本人が支配
親と密着／自立／親に従属／閉じこもり
子の成長にともなう3コース

子どもの生活領域の形態
□親に従属　■親と密着　□閉じこもり　■自立

子どもの年齢					サンプル数
6歳未満	100%				67
6歳～	69%		27	4	45
8歳～	63%		29	3／5	38
10歳～	45%		39	5／11	44
12歳～	21%	38		15／26	34
14歳～	4%／24	28		44	25
16歳～	7%／13	30		50	30
18歳～	5%／5／15			75	20
20歳～		30		70	20

図　個室への閉じこもりの発達的変化（小林，1991）

Column ⑰

インターネットひきこもり，またはインターネットの過剰使用

　「インターネットひきこもり」という名称は必ずしも広く共有されてはいない。しかし，現実の対人関係を避け，学業や仕事を顧みず，長時間コンピュータやインターネットに没頭し，昼夜逆転した生活をする個人の姿を思い浮かべるのは容易である。このような現象はインターネット中毒，インターネット依存，インターネットの過剰使用，病的使用，問題使用などとよばれる*。定義や査定の基準にもよるが，コンピュータを使用する学生や一般人の6〜15％ほどがこのような症状を呈しているという。

　このような症状は，比較的教育歴の高い，テクノロジーに親和的な若い男性に多いとされる。対象となる活動はプログラミング，ハッキング，サイバーセックス，ギャンブル，サーフィン，ゲーム，eコマース（電子商取り引き），掲示板，チャット，電子メールなどさまざまである。いずれにしても長時間の使用と時には倒錯した使用のために，対人関係，学業，職務に支障をきたしたり，金銭的，法的トラブルに巻き込まれることもある。また，コンピュータに向かえば気分が緩和する，コンピュータから離れるとイライラする，コンピュータに対する耐性が高まる（目の疲れが気にならない）などの症状や，気分変調，離脱症状などが生じるケースもあるという。

　確かに，インターネットには中毒を引き起こしやすい要素がある。サービスの普及により，インターネットはすぐにアクセスでき，リーズナブルな値段で使い放題可能な道具となった。インターネットは情報の宝庫であるだけでなく，さまざまなサイトを通じて他者と知り合いになれる。しかも短期間で親密な関係を築けるのが特徴である。そこでの利便性，匿名性，現実逃避的な仮想性は人を解放し，魅了する。また，インターネットひきこもりには個人的特性もかかわっているようだ。たとえば孤独感，衝動性，自己効力感，自己制御，うつなどと過剰使用との関連性を見いだした研究がある。ただし，これらが過剰使用の原因なのか結果なのかは不明である。背後にある心理的問題が，過剰使用という行動に現れたにすぎないと指摘する研究もある。

　インターネットは今後も浸透し続け，やがては日常的な活動の大半がネットを介在する時代もくるだろう。インターネット自体は社会的ネットワークのひとつであり，全体的にみれば，社会的スキルの高い人ほどネットを通じてより多くのコミュニケーション活動を営んでいる（五十嵐，2002；篠原・三浦，1999）。また，ネットにより社会的な満足も得られるようである（川浦ら，1999）。何がひきこもりを引き起こすのか，現象の同定とメカニズムの解明が急務である。

　　*引用文献のほか，アメリカ，ヨーロッパ，オセアニア，アジア（台湾，日本）で行われた過去5年間の緒研究のアブストラクト約60件（PsycINFO検索による）を参考にした。

付章

ひきこもる青少年を理解するための
文献・資料集

付　章　ひきこもる青少年を理解するための文献・資料集

　本章では、青少年の「ひきこもり」を理解する上で役に立つと考えられる著書や資料の中から、比較的、新しく読みやすいものを選び、以下に掲載した。本書を補充するものとして、ご活用いただければ幸いである。

（著者のアルファベット順）

荒井裕司　2000　ひきこもり・不登校からの自立　マガジンハウス

長谷川博一　2000　こんにちわ、メンタルフレンド―「引きこもり」の子どもの心を開き、家族を開く支援システム―　日本評論社

市川宏伸　2002　思春期のこころの病気―不登校・いじめ・キレる・ひきこもりなどにどう対処すればよいか―　主婦の友社

稲村　博　1993　不登校・ひきこもりQ＆A　誠信書房

井上敏明　2002　ひきこもる心のカルテ―心の扉を開くカウンセリング―　朱鷺書房

伊藤友宣　1997　「困った子」に悩む親たちへ：親のプラス発想68のヒント―いじめ・不登校・ひきこもり・反抗―　海竜社

伊藤友宣　2002　「ひきこもり」にならない工夫・抜け出る工夫―孤独が癒されるとき―　海竜社

狩野力八郎・近藤直司（編）　2000　青年のひきこもり―心理社会的背景・病理・治療援助―　岩崎学術出版社

家庭問題情報センター（編）　2001　若者たちの社会的ひきこもり―そのとき親や家族はどうすればよいか―　日本加除出版

北風ももこ・井上敏明　2001　ひきこもりからの旅立ち―ももこ14歳　魂の詩―　朱鷺書房

北西憲二　2001　親子療法　引きこもりを救う　講談社

近藤直司・長谷川俊雄・蔵本信比古・川上正巳　1999　引きこもりの理解と援助　萌文社

近藤直司　2001　ひきこもりケースの家族援助―相談・治療・予防―　金剛出版

蔵本信比古　2001　引きこもりと向きあう―その理解と実践的プロセス―　金剛出版

黒川昭登　1996　閉じこもりの原因と治療―登校拒否から出社拒否へ―　岩崎学術出版社

町沢静夫　1996　飛べないトンボの心理療法―「引きこもり」「いらだつ」若者たちへ―　PHP研究所

町沢静夫　2001　若者の「心の病」がわかる本―「ひきこもり」から「家庭内暴力」まで・精神科医のカルテ―　PHP研究所

松原達哉　2001　「不登校・ひきこもり」指導の手引き　教育開発研究所

牟田武生　2001　ひきこもり／不登校の処方箋―心のカギを開くヒント―　オクムラ書店

武藤清栄・渡辺　健　2002　ひきこもり脱出ガイド―本人と家族のカウンセリング入門―　明石書店
森口秀志・奈浦なほ・川口和正（編）　2002　ひきこもり支援ガイド　晶文社
仲村　啓　2002　ひきこもる，おとなたち　ヴォイス
小此木啓吾　2000　「ケイタイ・ネット人間」の精神分析―少年も大人も引きこもりの時代―　飛鳥新社
長田百合子　2001　親がかわれば子どももかわる―イジメ・不登校・ひきこもりの現場から―　講談社
小柳晴生　2002　ひきこもる小さな哲学者たちへ　NHK出版
斎藤　環　1998　社会的ひきこもり―終わらない思春期―　PHP研究所
斎藤　環　2002　「ひきこもり」救出マニュアル　PHP研究所
島田裕巳　1997　個室―引きこもりの時代―　日本評論社
高垣忠一郎　2002　共に待つ心たち―登校拒否・ひきこもりを語る―　かもがわ出版
高木俊介　2002　ひきこもり　批評社
高橋良臣　2001　いざ！というとき，子どもを救える親になる！―いじめ・不登校・非行・引きこもり―10代は危うい！　イカロス出版
高橋良臣　2001　登校拒否・引きこもりの二次的反応―かかわりつづける人のために―　ほんの森出版
高橋良臣・森田喜治　2000　不登校・引きこもりの日常―親の疑問に答える―　ほんの森出版
高塚雄介　2002　ひきこもる心理・とじこもる理由―自立社会の落とし穴―　学陽書房
田辺　裕　2000　私がひきこもった理由　ブックマン社
田中千穂子　1996　ひきこもり―「対話する関係」をとり戻すために―　サイエンス社
田中千穂子　2000　受験ストレス―挫折・ひきこもりと家族の課題―　大月書店
田中千穂子　2001　ひきこもりの家族関係　講談社
戸田輝夫　2002　希望を紡ぐ―不登校・ひきこもりの子どもと親たちの営み―　かもがわ出版
富田富士也　1996　引きこもり登校・就職拒否，いじめQ＆A　ハート出版
富田富士也　2000　新 引きこもりからの旅立ち　ハート出版
富田富士也　2001　「引きこもり」からどうぬけだすか　講談社
富田富士也　2002　引きこもりから旅立つ10のステップ　講談社
内田千代子　2001　ひきこもりカルテ―精神科医が語る回復のためのヒント―　法研
上山和樹　2001　「ひきこもり」だった僕から　講談社
吉川武彦　2001　「引きこもり」を考える―子育て論の視点から―　日本放送出版協会

付　章■ひきこもる青少年を理解するための文献・資料集

[雑誌の特集等]

特別企画　「学校不適応とひきこもり」　鍋田恭孝（編）　こころの科学，No.87，1999　日本評論社

特集　「ひきこもり」　牛島定信・狩野力八郎・衣笠隆幸（編）　精神分析研究，Vol.43，No.2，1999

特集　「『ひきこもり』の精神療法」　精神療法，Vol.26，No.6，2000　金剛出版

特集　「『青年のひきこもり』へのアプローチを考える」　家族療法研究，Vol.17，No.2，2000　日本家族研究・家族療法学会

特集　「ひきこもり」　武藤清栄・渡辺　健（編）　現代のエスプリ，No.403，2001　至文堂

特集　「ひきこもる思春期―いかに考え，いかに向き合うか―」　斎藤　環（編）　こころの臨床　a・la・carte，Vol.20，No.2，2001　星和書店

特集　「社会的ひきこもり」　斎藤　学（編）　日本嗜好行動学会誌　アディクションと家族，Vol.18，No.2，2001

特集　「社会的ひきこもりを考える」　日本家庭教育学会（編）　家庭フォーラム，No.9，2002　昭和堂

引用文献

■第1章

American Psychiatric Association 1994 *DSM-Ⅳ: Diagnostic and Statistical Manual of Mental Disorders, Fourth Edition.* Washington, DC: American Psychiatric Association.

笠原 嘉（編） 1976 躁うつ病の精神病理2 弘文堂

笠原 嘉 1978 退却神経症という新しいカテゴリーの提唱 中井久夫・山中康裕（編） 思春期の病理と治療 岩崎学術出版社 Pp.287-319.

加藤正明・他（編） 1993 新版精神医学事典 弘文堂

河合隼雄 1979 人間の深層にひそむもの 大和書房

衣笠隆幸 2002 「ひきこもり」の症状形成と時代精神 斎藤 環（編） ひきこもる思春期 星和書店 Pp.129-142.

近藤直司・長谷川俊雄（編著） 1999 引きこもりの理解と援助 萌文社

森田正馬 1919 神経質及神経衰弱の療法 高良武久（編） 1974 森田正馬全集 第1巻 白揚社 Pp.279-457.

武藤清栄 2001 ひきこもり概念の変遷とその心理 武藤清栄・渡辺 健（編） ひきこもり 現代のエスプリ, **403**, 至文堂, 35-44.

鍋田恭孝 2001 ひきこもりの心理 松原達哉（編） 「不登校・ひきこもり」指導の手引き 教職研修, 7月増刊号（教育開発研究所） 170-182.

斎藤 環 1998 社会的ひきこもり―終わらない思期春― PHP研究所

高岡 健 2002 「ひきこもり」についての疑問 斎藤 環（編） ひきこもる思春期 星和書店 Pp.167-176.

田中千穂子 1996 ひきこもり―「対話する関係」をとり戻すために― サイエンス社

牛島定信 2000 最近のひきこもりをどう考えるか 精神療法, **26**(6), 543-548.

山中康裕 1978 思春期内閉 Juvenile Seclusion ―治療実践よりみた内閉神経症（いわゆる学校恐怖症）の精神病理― 中井久夫・山中康裕（編） 思春期の精神病理と治療 岩崎学術出版社 Pp.17-62.

　コラム②

宮家 準 1970 修験道儀礼の研究 増補版 春秋社

■第2章

上里一郎・飯田 眞・内山喜久雄・小林重雄・筒井末春（監修） 1989 メンタルヘルスハンドブック

引用文献

American Psychiatric Association　1980　*Diagnostic and statistical manual of mental disorders, third edition*.　Washington, D. C.: American Psychiatric Association.

American Psychiatric Association　1994　*Diagnostic and statistical manual of mental disorders, fourth edition*.　Washington, D. C.: American Psychiatric Association.

Fairbairn, W. R. D.　1954　*An object-relations theory of the personality*.　New York: Basic Books.

藤山直樹　2001　ひきこもりと人格障害　現代のエスプリ, **403**, 78-85.

近藤直司(編著)　2001　ひきこもりケースの家族援助　金剛出版

厚生労働省　2001　10代, 20代を中心とした「社会的ひきこもり」をめぐる地域精神保健活動のガイドライン　暫定版

Marcia, J. E.　1964　Determination and construct validity of ego identity status. Unpublished Doctoral Dissertation, The Ohio State University.

文部科学省　2002　児童生徒の問題行動等生徒指導上の諸問題に関する調査

小此木啓吾　1980　シゾイド人間　筑摩書房

斎藤　環　1998　社会的引きこもり—終わらない思春期—　PHP研究所

斎藤　環　2002　「ひきこもり」救出マニュアル　PHP研究所

清水将之　1996　思春期のこころ　NHKブックス

下山晴彦(編)　1998　教育心理学Ⅱ　発達と臨床援助の心理学　東京大学出版会

下山晴彦・丹野義彦(編)　2002　講座　臨床心理学4　異常心理学Ⅱ　東京大学出版会

杉村和美　1998　青年期におけるアイデンティティの形成—関係性の視点からのとらえ直し—　発達心理学研究, **9**, 45-55.

山中康裕　1979　思春期内閉　Juvenile Seclusion—治療実践よりみた内閉神経症(いわゆる学校恐怖症)の精神病理—　現代のエスプリ, **139**, 登校拒否　至文堂, 42-58.

コラム④

別冊宝島編集部　2000　「おたく」を知らずして'90年代は語れない！　別冊宝島編集部(編)　「おたく」の誕生！！　宝島社　Pp.5-8.

近藤直司・塩倉　裕　1997　引きこもる若者たち　朝日新聞大阪厚生文化事業団

中森明夫　2000　僕が「おたく」の名付け親になった事情　別冊宝島編集部(編)　「おたく」の誕生！！　宝島社　Pp.128-148.

岡田斗司夫　1997　新「オタク文化」講座　自由国民社(編)　現代用語の基礎知識　1997　自由国民社　Pp.826-829.

高橋一郎　2000　おたく　久世敏雄・齋藤耕二(監修)　福富　護・二宮克美・

高木秀明・大野　久・白井利明（編）　青年心理学事典　福村出版　p.320.
竹内　洋　1995　おたくバッシング　竹内　洋・德岡秀雄（編）　教育現象の社会学　世界思想社　Pp.130-131.

■第3章
船越茂子　1992　心身症の心理療法　氏原　寛・小川捷之・東山紘久・村瀬孝雄・山中康裕（共著）　心理臨床大辞典　培風館　Pp.254〜256.
現代教育研究会　2001　不登校に関する実態調査（平成5年度不登校生徒追跡調査報告書）
平田昭吾　2001　よい子とママのアニメの絵本 No.7　北風と太陽　ブティック社
弘中正美　2002　遊戯療法と子どもの心的世界　金剛出版
本間友巳・中川美保子　1997　不登校児童生徒の予後とその規定要因―適応指導教室通室者のフォローアップ―　カウンセリング研究, **30**, 142-150.
磯部典子　2002　家庭内暴力へのカウンセラーの対応に関する一考察　総合保健科学, **18**, 13-19.
伊藤美奈子　1998　メンタルフレンドとの出会い，不登校生徒の成長　発達, **77**, 42-48.　ミネルヴァ書房
伊藤美奈子・本多利子　2000　もうひとつの学校を求めて―フリースクール・チャムで出会った子どもたち―　ナカニシヤ出版
岸　良範・佐藤俊一・平野かよ子　1994　ケアへの出発　援助の中で自分が見える　医学書院
倉本英彦　2001　ひきこもりの現状と展望―全国の保健所・精神保健福祉センターへの調査から―　こころの臨床アラカルト, **20**, 231-235.
皆川邦直　1993　青年期患者へのアプローチ　診療新社
牟田武生　2001　ひきこもり／不登校の処方箋―心のカギを開くヒント―　オクムラ出版
苗村育郎　1999　モラトリアム学生の卒業後の自殺について　CAMPUS HEALTH, **35**(2), 131-138.
中川厚子・森井ひろみ・鶴田桜子　1997　適応指導教室の機能に関する研究―中学卒業生のフォローアップ―　カウンセリング研究, **30**, 255-265.
仲田洋子・小林正幸　1999　電子通信メディアを媒介とするカウンセリング活動に関する展望　カウンセリング研究, **32**, 320-330.
中沢たえ子　1992　子どもの心の臨床　岩崎学術出版社
日本心身医学会教育研修委員会（編）　1991　心身医学の新しい診療指針　心身医学, **31**, 537.

引用文献

大野柾江　1998　学校へ行けないということ　落合良行（編著）　中学一年生の心理　大日本図書　Pp.154-175.
小柳晴生　2002　ひきこもる小さな哲学者たちへ　ＮＨＫ出版
斎藤　環　1998　社会的引きこもり─終わらない思春期─　PHP新書　Pp46〜47, Pp.133.
斎藤　環　2002　「ひきこもり」救出マニュアル　PHP研究所
梅垣　弘　1988　登校拒否の子どもたち　学事出版

> コラム⑮

亀口憲治　1997　家族の問題　人文書院
Ladd, G. W.　1996　Familial influences on kindergartner's social adjustment：Assessment and effects of the marital subsystem. *Dissertation Abstracts International*, **57**, (12-B), 2953.
西出隆紀　1993　家族アセスメントインベントリーの作成―家族システム機能の測定―　家族心理学研究, **7**(1), 53-65.
西尾和美　1999　機能不全家族　講談社
菅原ますみ・小泉智恵・詫摩紀子・菅原健介　1997　夫婦関係と子どもの精神的健康との関連─学童期の子どもを持つ家庭について─　安田生命社会事業団研究助成論文集, **33**, 144-150.

> コラム⑯

小林秀樹　1991　個室への閉じこもりの発達的変化　日本建築学会学術講演梗概集, **E**, 153-154.
小俣謙二（編著）　1997　住まいとこころの健康　ブレーン出版

> コラム⑰

五十嵐祐　2002　CMCの社会的ネットワークを介した社会的スキルと孤独感との関連性　社会心理学研究, **17**(2), 97-108.
川浦康至・山下清美・川上善郎　1999　人はなぜウェブ日記を書き続けるのか：コンピュータ・ネットワークにおける自己表現　社会心理学研究, **14**(3), 133-143.
篠原一光・三浦麻子　1999　WWW掲示板を用いた電子コミュニティ形成過程に関する研究　社会心理学研究, **14**(3), 144-154.

人名索引

●A
上里一郎　51
American Psychiatric Association　8, 37, 43

●B
別冊宝島編集部　64

●F
Fairbairn, W. R. D.　45
藤山直樹　43
船越茂子　91

●G
現代教育研究会　104

●H
長谷川俊雄　7
平田昭吾　73
弘中正美　72
本多利子　104
本間友巳　104

●I
五十嵐　祐　124
磯部典子　87
伊藤美奈子　104

●K
亀口憲治　122
笠原　嘉　5
河合隼雄　24
川浦康至　124
衣笠隆幸　17
岸　良範　72
小林秀樹　123

小林正幸　104
近藤直司　7, 34, 64
厚生労働省　2, 29, 86, 104
小柳晴生　95
倉本英彦　84

●L
Ladd, G. W.　122

●M
Marcia, J. E.　29, 31
皆川邦直　96
三浦麻子　124
宮家　準　26
文部科学省　58
森田正馬　4
牟田武生　72
武藤清栄　9

●N
鍋田恭孝　3
苗村育郎　89
中川美保子　104
中森明夫　64
仲田洋子　104
中沢たえ子　96
日本心身医学会教育研修委員会　47, 48, 91
西出隆紀　122
西尾和美　122

●O
岡田斗司夫　64
小比木啓吾　32
Olson, D. H.　122
小俣謙二　123
大野柾江　72

133

人名索引

●S
斎藤　環　　9-13, 34, 43, 51, 86, 93
清水将之　　53
篠原一光　　124
塩倉　裕　　64
菅原ますみ　　122
杉村和美　　34

●T
高橋一郎　　64
高岡　健　　20
竹内　洋　　64
田中千穂子　　10

●U
梅垣　弘　　102
牛島定信　　9

●Y
山中康裕　　21, 22, 60

事項索引

●あ
アイデンティティ　5, 29, 31-34, 41, 60
アイデンティティ・ステイタス　31, 32
アパシー　32, 34, 36, 37, 39, 40-42, 79, 82-84
アパシー性パーソナリティ障害　42

●い
一次的ひきこもり　2, 16, 17
インターネットひきこもり　124

●う
うつ病　2, 4, 32, 48

●お
オタク　64, 68
親子面接　81

●か
外傷体験　3
回避性パーソナリティ障害　3, 8, 9, 43, 46
過食症　32, 65
家族面接　81
家庭内暴力　3, 9, 14, 15, 20, 24, 67

●き
気分障害　33, 37, 38, 42, 79-81
キャンプ療法　105
教育相談機関　108
境界性パーソナリティ障害　39, 46, 81, 85
拒食症　32

●こ
行動療法　17, 82

●さ
挫折体験　3
サポート・ネットワーク　84
山村留学　109

●し
自我防衛　18-20
自己愛性パーソナリティ障害　46, 66
自殺　38, 75, 84, 85, 89
思春期心性　9
思春期内閉症　21
思春期内閉論　60
児童相談所　78, 104, 108
社会恐怖　7, 8
社会的ひきこもり　2-4, 6, 9, 10, 43, 84-86
情動ストレス　48-52, 90
心身症　32, 47-52, 89-91, 95
心理教育相談室　78
心理的外傷　9
心理的外傷体験　10

●す
スチューデント・アパシー　5, 7, 42
ストレス　32, 33, 39, 47, 62, 79, 81, 82, 86, 90-92, 101
ストレッサー　19, 90

●せ
摂食障害　33

●そ
相談機関　86, 108

●た
退却神経症　5-7
対人恐怖　3, 7, 32, 51, 95
対人恐怖症　4-7, 9, 10, 14, 19

事項索引

●て
適応指導教室　62, 104
適応障害　81, 82

●と
登校拒否　4-6, 20, 57
統合失調症（精神分裂病）　2, 4, 19, 22, 32, 35, 37, 40, 42

●に
二次的ひきこもり　2, 16, 17
認知行動療法　80

●は
パーソナリティ障害　9, 15, 43, 44, 46, 53, 68, 84-86, 88, 89

●ひ
PTSD（心的外傷後ストレス障害）　33, 82
ひきこもり　2, 3, 6, 7, 9-12, 15, 16, 28, 29, 72-77, 110-112
ひきこもりシステム　10-13

●ふ
不登校　3-5, 9, 14, 21-24, 57-62, 78, 97, 100-107, 109
フリースクール　62, 104

分離不安　38, 39, 79, 81
分裂病型パーソナリティ障害　44, 66
分裂病質パーソナリティ障害　3, 43, 45, 46, 66, 85

●ほ
防衛機制　5

●む
無気力　5, 36, 37, 39-42, 51, 58-60, 79, 82-84

●め
メンタルフレンド　94, 95, 105

●も
モラトリアム　29-31, 89
森田神経質　4, 7
森田療法　26

●や
野外体験キャンプ　109
ヤマアラシ・ジレンマ　45

●よ
抑うつ　5, 33, 36-42, 51, 60, 65, 79, 81-83

136

【執筆者一覧】

岡本　祐子	編者	1-1, 1-2, コラム16
宮下　一博	編者	3-1
弘中　正美	明治大学	1-3
山田　敏久	千葉大学総合安全衛生管理機構	2-1
下山　晴彦	東京大学	2-2-1, 3-2-1
磯部　典子	広島大学保健管理センター	2-2-2, 3-2-2
夏野　良司	愛媛大学	2-2-3, 3-2-3
伊藤　　隆	上宮中・高等学校, 関西教育臨床研究所	2-2-3, 3-2-3
小早川久美子	広島文教女子大学	2-2-4, 3-2-4
伊藤美奈子	慶應義塾大学教職課程センター	2-2-5, 3-2-5
田中千穂子	東京大学	3-3

■コラム

藤巴　正和	広島大学保健管理センター	コラム1
藤井　恭子	愛知教育大学	コラム2
石田　　弓	徳島大学	コラム3
松島　公望	東京学芸大学大学院	コラム4
向井　隆代	聖心女子大学	コラム5
中村　博文	松山東雲女子大学	コラム6
榎本　淳子	東洋大学	コラム7
大野　和男	潤和リハビリテーション振興財団	コラム8
辻河　　優	京都文教大学心理臨床センター	コラム9
上地　玲子	岡山短期大学	コラム10
藤沢　敏幸	安田女子大学	コラム11
川中　淳子	島根県立大学	コラム12
笠井　孝久	千葉大学	コラム13, 14
福田　佳織	東洋学園大学	コラム15
仲　真紀子	北海道大学大学院	コラム17

【編者紹介】

岡本祐子（おかもと・ゆうこ）

1954年　広島県に生まれる
1983年　広島大学大学院教育学研究科博士課程後期修了
現　在　広島大学大学院教育学研究科教授（教育学博士，臨床心理士）

[主著・論文]
成人期における自我同一性の発達過程とその要因に関する研究
　　風間書房　1994年
中年からのアイデンティティ発達の心理学　ナカニシヤ出版
　　1997年
女性の生涯発達とアイデンティティ（編著）　北大路書房　1999年
アイデンティティ生涯発達論の射程（編著）　ミネルヴァ書房
　　2002年
新・女性のためのライフサイクル心理学（共編著）　福村出版
　　2002年
アイデンティティ研究の展望Ⅱ，Ⅲ，Ⅳ，Ⅴ-1，Ⅴ-2，Ⅵ（共編）
　　ナカニシヤ出版　1995～2002年

宮下一博（みやした・かずひろ）

1953年　東京都に生まれる
1981年　広島大学大学院教育学研究科博士課程後期中退
現　在　千葉大学教育学部教授

[主著・論文]
心理学マニュアル質問紙法（共編著）　北大路書房　1998年
アイデンティティ研究の展望Ⅴ-1，Ⅴ-2（共編）　ナカニシヤ出版
　　1998，1999年
高校生の心理2　深まる自己（共著）　大日本図書　1999年
子どもの心理臨床（共編著）　北樹出版　1999年
子どものパーソナリティと社会性の発達（共編著）　北大路書房
　　2000年
キレる青少年の心（共編著）　北大路書房　2002年

| シリーズ | 荒れる青少年の心 |

ひきこもる青少年の心 ―発達臨床心理学的考察―

| 2003年3月30日　初版第1刷発行 | 定価はカバーに表示 |
| 2006年7月20日　初版第3刷発行 | してあります。 |

編著者　岡本　祐子
　　　　宮下　一博

〒603-8303　京都市北区紫野十二坊町12-8
　　　　　　電　話　(075) 431-0361(代)
　　　　　　ＦＡＸ　(075) 431-9393
　　　　　　振　替　01050-4-2083

ⓒ2003　制作/ラインアート日向・華洲屋　印刷・製本/亜細亜印刷㈱
検印省略　落丁・乱丁本はお取り替えいたします

ISBN4-7628-2300-7　Printed in Japan